民藝の教科書①

うつわ

久野恵一 監修
萩原健太郎 著

グラフィック社

「民藝の教科書」シリーズ、はじめます。

職人の手でつくり出され、庶民の暮らしのなかで使い込まれる生活用具、いまでいう普段使いの日用品のなかに美しさを見出した柳宗悦が、それらを民衆的工藝、略して「民藝」とはじめて呼んだのは、1925（大正14）年のことです。当時はその土地ならではの材料を使い、その土地ならではの生活様式から生ずる用を満たすために生まれた、地域色豊かなすぐれた手仕事が日本各地にありました。

情報の伝達方法がかぎられていた時代、ある土地に別の土地の手仕事の情報を伝え、職人たちの切磋琢磨をうながしていたのは、全国を渡り歩く行商人でした。職人と酒を酌み交わしながら他所での見聞を語り、またすぐれた技にこめられた工夫を聞き出し、それを次の土地の職人への土産話とする。話を聞いた職人は新たな知恵を得て、よりよいものづくりに工夫をこらす。かつての日本の手仕事は、そんなふうにして成長しました。

その行商人たちのような手仕事の担い手になり、手のぬくもりを失った大量生産の工業製品におされて失われつつある技術を、職人を支えたい。つくり手と使い手を結びたい。まだ見ぬすぐれた仕事を掘り起こしたい。そんな思いで40年間、民藝店を営むかたわら1年のうち3分の2は全国の手仕事産地をめぐる旅を続け、民藝の現場を歩いてきました。

ひと口に民藝といっても、職人が手づくりした日用品なら何でも民藝だというわけではありません。その土地の気候風土から生まれた仕事があり、その仕事を無心にくり返した職人の高い技術があって、はじめて民藝の素朴で健全な美しさが生まれます。では何が民藝で何が民藝ではないのか。そこが「民藝はむずかしい」といわれるゆえんかもしれません。

それならば、わたしが道案内役となって、いまを生きる民藝のつくり手と製品そのものを紹介しよう。そうしてはじまったのがこの「民藝の教科書」シリーズであり、萩原氏を誘って〝手仕事の日本〟をめぐる旅です。わたしが見守ってきた骨格のある仕事を生み出すつくり手たちと、暮らしに寄り添う美しい手仕事を求める使い手を結ぶきっかけをつくること。それが、このシリーズに込めた願いです。

2012年4月　久野恵一

いまの民藝を探す旅

ぼくが民藝に興味を持ったのは、工業デザイナーの柳宗理がきっかけだったと思う。ヨーロッパの家具を輸入する会社に勤めていたぼくは、柳宗理の「バタフライスツール」が世界的に評価されていると聞き、少し誇らしげに感じたものだ。しかし、彼はメイドインジャパンを生み出すだけでなく、〝ハンドメイドインジャパン〟を守る人でもあることを、しばらくして知ることになる。しかも、彼の父である柳宗悦が、美しいハンドメイドインジャパンを守り、継続させていくための運動、「民藝」の言葉をつくった張本人で、その運動の指導者だというではないか。

じょじょに民藝に惹かれていったぼくが、最初に訪れた窯場が大分県日田市の小鹿田焼。最初ここは、ディズニーランドやハウステンボスのような、「古き良き日本」をテーマにしたテーマパークなのかと錯覚しそうになった。あそこで土をつくっているおばさんも、ろくろをまわしているおじさんも、作業場の中を走りまわっている子どもも、すべてキャスティングされた俳優なのではないだろうか……。3日間の取材を終えたぼくは、強いカルチャーショックを受けていた。

その取材の監修者が、鎌倉・もやい工藝オーナーの久野恵一さんだった。偶然にも家が近いこともあり、もやい工藝に足を運ぶようになっていった。

すぐに、小鹿田焼はかなり特殊であることを知った（笑）。それでは、他はどうなのだろう？　それがこの本をつくろうと思った理由だ。そうして、北は東北から南は沖縄まで、久野さんと一緒に民藝のうつわをめぐる旅に出た。陶工たちの話を聞き、伝統の陶技を見せてもらい、手仕事の未来について考える貴重な機会となった。グルメな久野さんに教えてもらった、産地のとっておきのおいしいものもいい思い出だ。

この本は、民藝の歴史を振り返りながらも、〝いま〟に焦点をあてた旅の記録。さあ、みなさんもご一緒に……。

2012年4月　萩原健太郎

民藝の教科書①

うつわ

◎もくじ

※本文中の人名のうち、故人は敬称略、その他も一部敬称略とさせていただきました。
※本書に掲載されているデータ、価格などは2012年4月現在の情報です。
※本書に掲載されている価格はとくに記載されている場合をのぞき、税込価格です。

1時間目

旅立つ前に知っておきたい
うつわのあれこれ

うつわの基礎知識

わたしたちの身のまわりには、たくさんのうつわがある。
工場で大量生産される安価な磁器、
落としても割れにくいプラスチック製品、
使い捨ての紙の皿やコップ……。
それらは使い勝手がいいから、
現代の暮らしのなかに急速に溶け込んできたのだろう。

でも、〝何か〟が足りない。
そのことにも多くの人が気づき始めている。
その〝何か〟を持っているのが、「民藝」のうつわなのだ。

それは、「手仕事のぬくもり」だったり、
「ひとつひとつ異なる表情」だったり、
「日々使い続けることで生まれる愛着」だったり……。
きっと感じ方は、使う人それぞれによって異なることだろう。

「民藝」って何だろう？
敷居が高そうで、小むずかしそう……。
そんな不安や疑問を解消するのが、1時間目。
民藝の歴史といま、民藝に携わった人物、全国の民藝の窯、
そしてうつわのイロハなどをわかりやすく解説。
でも、頭ですべてを理解しようとせずに、
ひと通り目を通したら、
積極的にうつわに触れてみてほしい。

きっとあなたの手を通して、何かが伝わるはずだから……。

突然ですが、問題です。

これって民藝？

100円ショップのうつわ？

「民芸品店で売られているものは民藝？」「機械製品は民藝じゃないの？」など、なんとなく理解するのがむずかしそうな民藝について、身近な例を示しながら解説します。

大量生産により徹底して安価性のみを追求したうつわ

わたしたちの暮らしにすっかり定着した「100円ショップ」にも、多くのうつわが並ぶ。民藝風の装飾が施された国産の茶碗なんかもよく見かけるけど、これは民藝ではない？

こんな価格で販売できるのは、台車に積まれた商品が一方の口から入り、加熱、冷却を経て、もう一方の口から出る構造の「トンネル窯」でつくられたもの。瓦製造に利用される窯で、燃料効率が高く、燃料費が安く済む。また、模様は転写によるものだろう。実用性、耐久性すらも軽視され、安価性のみを追求したものがほとんど。これはもちろん、民藝ではない。

ブランド×職人のうつわ？

実用性、耐久性は合格
しかしあまりにも無機質で
つくり手の顔が見えない

長崎の波佐見《はさみ》焼や佐賀の有田焼などの産地と、ブランドとのコラボレーションによりつくられるうつわ。これは民藝？

これらの産地では大手メーカーの影響力が大きく、大量の受注に対応できる体制がととのっている。メーカーの下請けの仕事で生計を立てている個人の窯も多い。メーカーでは基本的に、鋳型に土を流しこみ成形する「鋳込《いこ》み」と呼ばれる製法により、均一なものを短時間で大量につくり上げる。これは、つねに一定のクオリティを求めるブランド側、安定して受注を受けられるメーカー側、双方にメリットがある。だが、そこに実用性、耐久性に対する追求はあっても、出来上がるのは無機質な製品。そこが手仕事のぬくもりを持つ民藝との違いだ。

いわゆる、日用食器？

実用的で割れにくく価格も手頃ただ美しいかどうか

陶器市や百貨店の陶器売り場などで、「3つで1000円」などと書かれた瀬戸焼や美濃焼、有田焼などのうつわを見かけるけれども、これは民藝と呼ぶにふさわしい？

これらには複数の出所が考えられる。ひとつは、鋳込みなどによる大量生産でいわゆる「手づくり風」を追求したもの。あるいは、手仕事でつくられていても「売れ残り」や、キズ、ゆがみなどがある「B級品」など。

民藝であるかどうかと問われれば、実用品であり、耐久性もあり、価格も手頃と相通じるものはある。だが、実用品＝民藝でも、手仕事＝民藝でもない。それらのなかで、とくに〝美しい〟ものが民藝と呼ばれるのだ。その〝美しさ〟を備えていない限り、民藝とは呼べない。

デザイナー×民窯のうつわ？

因州中井窯「5寸2色染分皿」（鳥取たくみ工芸店提供）

自然性を認めるかどうか
ディテールに見える
民藝とデザインの境界線

デザイナー・柳宗理《やなぎそうり》のディレクションにより、民藝の窯である因州中井窯《いんしゅうなかいがま》でつくられた皿。手仕事で、しかも美しい。これは民藝に違いない……？

ポイントがふたつ。まず、緑と黒の境界線の部分。似た皿に牛ノ戸《うしのと》焼の伝統をくむ因州中井窯の染め分け皿（90頁）があるが、それは境界が自然とにじんでいる。しかしデザイナーはそれが許せず、ラインをくっきりさせるよう指示したという。また縁の釉薬を抜いているのは、鹿児島の苗代川《なえしろがわ》焼の「伏せ合わせ」という皿を重ねて焼く技法。量産化を図るための工夫だが、合わせた箇所に色がつくのを避け1枚ずつ焼かせた。自然の作用にも美を求めるのが民藝、自分の意のままにしたいのがデザイン。それが両者の違いだ。

骨董の湯呑み？

過去の職人がつくった名品 〝いまもできるかどうか〟が 民藝と骨董の分かれ目

骨董とは何か。それをひと言でいうと〝いまはもうできないもの〟となる。

これは沖縄が生んだ人間国宝、故・金城次郎が1960年代につくった湯呑み。濱田庄司の湯呑みの型を参考にしているが、沖縄の伝統や風土から生まれてきたかのような骨格が感じられるかたち、素朴でてらいのない飴釉、緑釉の三彩点打《さんさいてんうち》と、まぎれもない逸品である。

次郎は類まれな腕を持つ職人であった。職人のものであれば、民藝なのでは？ 大事なのは、いまのつくり手が再現できるかどうか。これから先〝金城次郎的〟な人は生まれても、〝金城次郎〟の生まれ変わりはあらわれないだろう。つくり手が亡くなり、その技が過去のものになったとき、民藝は骨董になる。

骨董の湯呑みによく似た現行商品？

用の美に徹し
いつでも買えること
それが民藝の条件

　これは、沖縄・読谷山《よみたんざん》焼北窯の松田共司《きょうし》さんの湯呑み。共司さんはいまや沖縄を代表するつくり手のひとりとして知られる。そんな共司さんにとって、金城次郎は憧れの人。この湯呑みにも、そうした尊敬の念が垣間見える。たとえば、「縁の返し」の部分。前頁の次郎のものが自然とそういう造形になったのに対し、共司さんのものには「縁をきちんと返そう」、また三彩点打についても、最初に飴釉を打つ位置に「大切に打とう」という意識が見える。ただ、それは職人ならば、当然のことかもしれない。

　以上のようなことを差し引いても、この湯呑みは使いやすく、美しい量産品で価格も安い。そしていつでも買える。これぞまさしく、民藝のうつわだ。

【キーワードで読み解く】

民藝と、民藝のうつわ

そもそも民藝や、民藝運動って何なんだろう？　そんな素朴な疑問は、ここで解決。7つのキーワードを通して、民藝の基礎知識をマスターしよう。

01 民藝と、民芸

日本民藝館、民芸風など、何か意味ありげな「民藝」「民芸」という2種類の表記。注意してみると、本来の民藝運動の流れをくむもの、元々の民藝の考え方に沿ったものは「民藝」、単に郷土色の強いもの、和風のなごんだ雰囲気のデザインなどには「民芸」があてはめられる場合が多いようだ。

じつは現在では「藝」は常用漢字「芸」の旧字体だが、**柳宗悦**らが「民藝」という言葉をつくった1925（大正14）年には、まったく違う意味を持つ漢字だった（藝《ゲイ》…草木を栽培すること。修練によって得た技能／芸《ウン》…香草の名前。草を刈る）。それが1949（昭和24）年に当用漢字字体表が導入された際、「藝」の新字体が「芸」とされたことで、「芸」はふたつの意味、読みを持つ漢字となった。

民藝は「民衆的工藝」の略なので、現在は新字体で「民芸」としても間違いではない。ただ、いまあえて「民藝」を名乗ることには、本来の意味での「民藝」を踏襲していること、つまり、「なんとなく民芸」とは違うという矜持が込められているといえそうだ。

本書も「民藝」の延長線上に息づく手仕事を紹介することがテーマなので、固有名詞以外は本来の「民藝」とそれ以外の「民芸」と、使い分けている。

日本民藝館
民藝運動の本拠地として、柳宗悦らが中心となって東京・駒場で1936（昭和11）年に開館した民藝の博物館。149頁参照。

柳宗悦
やなぎ・むねよし（1889―1961）。思想家、美学者。学習院高等科在学中に雑誌『白樺』創刊に参加。東京帝國大学哲学科卒。朝鮮陶磁器との出会いをきっかけに、名もなき職人の手になる民衆の日用品（民衆的工藝）の美しさに開眼。「民藝」という言葉をつくり、民藝運動の創始者に。36年には日本民藝館初代館長となり、その後も展覧会の企画、手仕事調査・蒐集、執筆などの活動を通して民藝の普及・啓蒙活動を続けた。57年には文化功労者に選ばれた。

02

民藝運動と、柳宗悦

それでは、「もともとの民藝の考え方」とは何か。それを知るには民藝運動、そして民藝運動の父である柳宗悦を避けては通れない。

民藝運動は、「柳宗悦と、彼に共鳴した人々により、それまで下手物とされてきた日用雑器に美的価値を見出し、それらを生み出す手仕事の価値を高め、新たな美の基準を世に広めようとした運動」などと説明されることが多い。

しかし、「柳自身が運動をしていたというよりは、柳が歩いた後に道ができて、それを周囲が〝民藝運動〟と呼んだ、というのが正しいのではないか。柳自身はもっと素朴に、自分が美しいと感じたものをつくり手に注文したい、制作の現場を訪れたい、日本の原風景を見たい、という思いに駆られていたのではないか」と久野さんは言う。

では、柳はどのようにして運動へと向かっていったのだろうか。柳が**志賀直哉**、**武者小路実篤**らとともに同人誌**『白樺』**の創刊に参加したのが1910（明治43）年。大正デモクラシーと呼ばれる思想、運動が始まった頃で、西洋の文化が流れ込む一方、明治以前の日本の手仕事が西洋化、工業化の波にのまれて急速に失われていく、そのような危機感をはらんだ時代であった。白樺での活動を通して、柳は**バーナード・リーチ**に紹介された詩人のウィリアム・ブレイクの研究に没頭していく。知識よりも直感を重んじるブレイクの思想は、後の〝眼〟を重視した柳の思索のベースとなったことは想像に難くない。

その柳を、民藝運動へと向かわせるきっかけとなったのが、朝鮮陶磁の研究家である**浅川伯教**が柳邸を訪れた際

志賀直哉
しが・なおや（1883―1971）。小説家。1910（明治43）年に武者小路実篤、柳宗悦らと『白樺』を創刊。徹底したリアリズムにもとづく私小説・心境小説を発表し「小説の神様」と呼ばれた。著書『暗夜行路』、『城の崎にて』など。

武者小路実篤
むしゃのこうじ・さねあつ（1885―1976）。小説家。『白樺』創刊に参加。1918（大正7）年には宮崎県に「新しき村」を創設し、理想社会の実現を目指す。小説のみならず美術、演劇など幅広い分野で活躍した。著書『おめでたき人』、『友情』など。

白樺
文芸・美術雑誌。理想主義・人道主義・個人主義を理念として掲げた。理念を共有した作家たちは「白樺派」と呼ばれ、新たな文芸思潮として文壇の中心的存在に。ロダン、セザンヌといった西欧の芸術家をいち早く日本で紹介するなど、美術界にも大きな影響を与えた。

に持参した朝鮮の白磁の壺であった。この壺の美しさに感銘を受けた柳は、1916（大正5）年以降たびたび朝鮮を訪れるようになり、陶磁器などの工芸品や絵画などを蒐集していった。

1923（大正12）年、柳の住居がある千葉県我孫子を関東大震災が襲う。その混乱を避けるために転居した京都で、人ともの、双方において運命的な出会いが待っていた。

ちょうどそのとき、京都にはイギリスから帰国したばかりの**濱田庄司**が滞在していた。濱田を通じて**河井寛次郎**とも知り合い意気投合した3人は、東寺や北野天満宮の骨董市へ繰り出すようになる。そこで発見した、いわゆる「**下手物**《げてもの》」に魅了されていくのに、さほど時間はかからなかった。美術品ではない、無名の職人がつくった庶民のうつわや生活道具に美を見出す、という価値観がなかった時代、彼らの新たな美の基準の発見は画期的だったのだ。

そして1925（大正14）年、柳たちは「民衆的工藝」を略して「民藝」という造語を生み、それが運動の名称ともなった。柳の「民藝美論」によるとその定義は、実用性、無銘性、複数性、廉価性、地方性、分業性などの8つに要約することができ、それらが民藝美の特徴である「無事の美」「自然の美」「健康な美」を生んでいるとされた。これらは同時に、〝真の美は自力ではなく、たびたび他力によりもたらされる〟ということを意味している。

《柳宗悦が定義した「民藝品」の条件》

・実用性…鑑賞のためではなく、実用性を備えていること
・無銘性…無名の職人によってつくられたものであること、名をあげるための仕事ではないこと
・複数性…民衆の需要に応じるため、数多くつくられたものであること
・廉価性…民衆が日用品として購入できる、安価なものであること
・地方性…色、かたち、模様などに土地の暮らしに根ざした地域性があること
・分業性…量産を可能にするため熟練者による共同作業でつくられていること
・伝統性…先人が培ってきた技術や知識の蓄積にのっとっていること
・他力性…個人の力よりも、気候風土や伝統などの他力に支えられていること

そうした柳の思想の集大成は、1949（昭和24）年の『美の法門』に著されている。

その後1926（大正15）年には「日本民藝美術館設立趣意書」を発表、1934（昭和9）年には「**日本民藝協会**」を発足させるなど、活動を活発化させていく。全国を手仕事調査でまわるなか、各地に新作民藝の種をまいていくなど、思想面だけでなく、職人たちの生計を助けるという実際的な面においても貢献した。そして1936（昭和11）年、東京・駒場の「日本民藝館」設立にいたる。

ここまで柳の活動について述べてきたが、久野さんにあらためてもっとも重要な柳の功績について尋ねた。

「これは**鈴木先生**が言われていたことですが、民藝の社会に対する功績はひとつしかありません。世の中には、かごに乗る人、かつぐ人、そして、そのかつぐ人のわらじを編む人がいるわけです。その〝わらじを編む人〟に焦点を当てたこと。これが、柳がおこした運動、すなわち民藝運動の最大の功績なのです」

バーナード・リーチ→21頁

浅川伯教
あさがわ・のりたか（1884—1964）。彫刻家。学生時代に朝鮮美術の魅力を知り、1910年代に弟の巧とともに朝鮮に移り住む。全国の窯場をくまなく調査し朝鮮陶磁史をまとめるなど、朝鮮陶磁器研究の第一人者となった。

濱田庄司→20頁

河井寛次郎→20頁

下手物
つくりが粗く価格も安い大衆的な日用品。高級な工芸品である「上手物」に対する言葉。

日本民藝協会
1934（昭和9）年設立の、民藝運動の振興を主目的とする団体。現在も機関誌『民藝』の発行や見学会・勉強会の実施、日本民藝館が主催する新作工芸の公募展「民藝館展」への協力といった事業をおこなっている。

鈴木先生
鈴木繁男のこと。21頁参照。

03 雑器の美

柳が民藝を発見し、運動を展開していくなかで、やきものはとくに重要な分野だった。

柳のやきものへの思い入れの強さや、どのようなものを「民藝」としたのかがよくわかる文章に、『雑器の美』（『下手ものの美』より改題、1926（大正15）年）がある。以下は柳が関東大震災後の1924（大正13）年から京都で暮らし、東寺や北野天満宮などの骨董市で「下手物」集めに没頭していた時期に書かれたものである。

「作は無慾である。仕えるためであって名を成すためではない。丁度労働者が彼らの作る美しき道路に名を記さないのと同じである。作者はどこにも彼の名を書こうとは試みない。悉《ことごと》くが名なき人々の作である。慾なきこの心が如何に器の美を浄めているであろう。ほとんど凡ての職工は学もなき人々であった。なぜ出来、何が美を産むか、これらのことについては知るところがない。伝わりし手法をそのままに承け、惑うこともなく作りまた作る。何の理論があり得よう。まして何の感傷が入り得よう。雑器の美は無心の美である。（中略）雑器は民藝である」（『雑器の美』より）

ただ注意しなければならないのは、柳は雑器なら何でも美しく、何でも民藝だとしているのではない点だ。雑器としてつくられたもののなかに、民藝としての条件を備えた美しいものがある、ということ。これは現代の「民藝のうつわ」を考えるうえでも同じである。「安い日用品や、職人が手づくりしたものがすべて民藝、なのではなく、まず選ぶということが必要」（久野さん）。すべてのものはまず、「美しいかどうか」でふるいにかける必要がある。

柳宗悦が瀬戸・品野の特産として賞賛した麦藁手のうつわ。麦藁手とは、麦の穂のようなラインを放射状に描いた装飾をいう。写真は瀬戸・品野の小春花製陶でつくられている現行商品。

雑器

『雑器の美』における「雑器」は陶磁器のみではなく、無名の職人によりつくられた日用品全般をさしている。

上焼の抱瓶（ダチビン）。沖縄特有の焼酎用酒器で、携帯用の水筒のように使われた。写真は現在沖縄の照屋窯でつくられているもの。

では、何をもって美しいとするのか。民藝美の特徴としてよくいわれるのが、「無事の美」「自然の美」「健康な美」「無心の美」「親しさの美」。しかし、柳の「民藝美論」によると、結局これらを判断するのは自由な心、自由な眼でものを見たときに発揮される「直観」の力によるとされるので、「民藝＝むずかしい」という印象につながっている面もありそうだ。

加えて、たとえば日本民藝館の所蔵品を見ると、琉球王国の上流階級が使っていた沖縄のやきもの（上焼《ジョーヤチ》）のように、原則的には「民藝」と呼べないものも多く、混乱することもある。「実用品＝民藝という誤解をしている人が民藝館にあるものを見ると、ギャップがありすぎてわからなくなってしまう。そもそも民藝館にあるものの多くは、それがどんなものかは関係なく、柳が〝美しい〟と思って選んだものなので、民藝品であるかどうかではなく、柳が打ち立てた普遍的な〝美しいもの〟の見方が示されていると考えるといい」（久野さん）

この「直観で美を判断する」ことは、「ひと目惚れして買ってしまった」とか、「店に入った瞬間、この皿に呼ばれた気がした」などというのと相通じる感覚だと思えば、一気に敷居は低くなるのではないか。

うつわが好きなら、知識や多くのものを見ることでの経験値はおのずと蓄積されていく（この本はその手助けをすることがテーマ）。そうなれば、見方、選び方も変わってくるはずなので、あまり難しく考えずに、まずはものと向き合ってみるとよいのではないだろうか。

上焼
沖縄の伝統的なやきものである壺屋焼は、上焼と荒焼（アラヤチ）に大別される。上焼は表面に釉薬を掛け、色釉で鮮やかな装飾が施されているのが特徴。一方の荒焼は無釉、またはマンガンの釉薬をかけたシンプルなやきもの。元々は壺や甕など、その多くが大型の貯蔵用容器だった。36頁参照。

04
作家と職人

民藝に興味を持った人が抱くであろう素朴な疑問に、「民藝に〝作家〟はいないはずなのに、なぜ職人の名前が紹介されるの?」という「無銘性」の問題がある。また、濱田庄司や河井寛次郎のように民藝運動に参加していた作家がいて、彼らの〝作品〟にものすごく高価な値段がついているのはどういうことなのか、という疑問を抱く人も多いかもしれない。

その疑問に、久野さんはこう答える。

「同じものをつくっても、上手な人がいれば、下手な人もいる。上手な人はおのずと注目され、指名される対象となる。だから、両方ともあくまでも職人であることに違いはないが、よりすぐれたつくり手が注目されるのはおかしな話ではないのです」

柳の「作家」に対する考え方は、長くなるが次の文章を読むとよくわかる。

「職人たちの才能は今も昔とさしたる違いはありません。ですが一般の美意識が低下してきたため、何が正しい作物であるかの目標が見失われているのです。悪作を作るとも、罪を彼らに着せる事は無理なのです。時代が悪いのです。何か彼らに方向を与え、彼らを結合する力が働くなら、作物は甦るでしょう。それ故今のままで職人たちに凡てを一任する事は冒険なのです。民藝の運動には指導者が必要なのです。何が作物の正しい標準なのかを指示する者が要るのです。さもなくばあてどなく道を彷徨うでしょう。ここで私は個人作家と民藝との交渉を考えないわけにはゆきません。理解あり創意ある作家たちは、民藝に方向を与える手本を産んでいいのです。今まで作家たちの仕事は個人的なものに留まっていました。むしろ誰をも近づけないほど独自である事を誇りとしました。しかし将来の藝に種を下ろし、そこに彼らの仕事を大成させていいのです。作家は僧侶であり、職人は平信徒であっていいのです。これらのものの結合こそ、工藝の王国を早く来らすでしょう。作家たちは当然民藝の意義を深く省みる人々でなければならないはずです」

(『民藝の趣旨』1933年)

つまり、柳は作家を職人に美の指針を与える指導者と位置づけていた。実際に、濱田庄司や河井寛次郎、バーナード・リーチらは各地の民窯をめぐって指導をし、一方で作家として職人たちの仕事から得たものを作品に展開し、独自の世界を広げた。また、民藝第二世代の作家であり、書生に始まり柳と非常に近いところにいた漆芸家の鈴木繁男のように、長く各地の窯への指導を続けた者もいた。

民藝とともに

【濱田庄司】

はまだ・しょうじ
（1894—1978）

神奈川県生まれ。東京高等工業学校で河井寛次郎と出会い、卒業後も河井と同じ京都市立陶磁器試験場に勤務し釉薬の研究に励む。イギリスでの作陶生活を経て24年帰国し益子に定住。民藝の指導者として活躍しつつ、そこで得たものを生かし陶芸家として活躍した。

柳の一番の理解者が濱田庄司だ。柳が美しいと感じたものを同じように感じ、また、すぐれた陶芸家であることから、柳がつくりたいと思うものをつくってみせた。柳とともに全国の窯場を見てまわった濱田は、そこで知り得た技法や装飾を貪欲に採り入れた。そうして生まれたのが、いわゆる「濱田型」と呼ばれる、湯呑みや茶碗などである。つまり、日頃わたしたちが使っているうつわの原型をつくったのが、濱田なのだ。

もうひとつの貢献が、リーチとともに渡英していた濱田が帰国後の拠点に選んだ益子を再興させたこと。益子焼の伝統を生かしつつ、新作民藝に積極的に取り組んだ濱田により、益子は注目を集め一大窯業地へと発展していった。

【河井寛次郎】

かわい・かんじろう
（1890—1966）

島根県生まれ。東京高等工業学校窯業科を卒業後、京都市立陶磁器試験場に勤務。1920年には、京都・五条坂に住居と工房を構える。柳、濱田らとともに、民藝の指導者として活動する一方、作家としても、陶器、木彫、金属などの多分野に渡り作品を発表した。

河井寛次郎は、濱田庄司以上に全国の窯場をめぐり、陶工たちの指導をおこなった実践的指導者であった。とくに、自身の故郷である島根県の出西窯《しゅっさいがま》や、活動の拠点とした京都に近い丹波《たんば》立杭《たちくい》焼など、西日本の窯場には大きな影響を与えた。また、自身の門下生からは、丹波立杭焼の再興に尽くした生田和孝や奥田康博、温泉津《ゆのつ》焼の森山雅夫などのすぐれたつくり手を輩出した。

自らも民藝派の作家として活動した河井はとくに釉薬と型の研究に励み、鮮やかな釉薬を用いた重厚な作品でも知られた。だが、作家として国内外で高い評価を得たにもかかわらず生涯無冠を貫くなど、一陶工としての姿勢を崩さなかった。

歩んだ作家たち

柳宗悦の思想に大きな影響を与えたのが、バーナード・リーチ。香港に生まれ、幼少期を日本で過ごしたリーチは、1909年に再来日し、柳をはじめとする白樺派の同人と交友を結ぶようになる。その後、6代目尾形乾山に入門し、富本憲吉とともに陶芸の道へ入っていったリーチは、1920年には濱田庄司とともに渡英し、セント・アイヴスに窯を築く。

来日時には、セント・アイヴスでの経験を惜しみなく陶工たちに伝えた。島根県の布志名《ふじな》焼や大分県の小鹿田《おんた》焼などには長期間滞在し、洋食器の製法やスリップウェアなどの技法を伝授。最大の功績は、外国人の目を通して、日本の古き良き伝統、文化を、直接的な交流を通して伝えたことだった。

柳、濱田、河井らの民藝第一世代に対して、松本民藝家具の池田三四郎、染色家の岡村吉右衛門らが第二世代だ。そのなかの中心的人物が、工芸意匠家・漆芸家の鈴木繁男。18歳から書生として柳とともに暮らした鈴木は、一番近くで柳の教えを受け、終生師事した。

第一世代が民藝の精神性を重んじたのに対し、鈴木は「もののどこがいいのか、悪いのか」を具体的に職人たちに指導した。その内容はかたちや技法、釉薬など多岐に渡り、改善点が目に見えることから、職人からの信頼も厚かった。また、砥部《とべ》焼の梅野精陶所の指導をおこなった際には、自らが絵付け職人として絵筆を握ることもあった。その鈴木の遺志を受け継いでいるのが、久野さんである。

【バーナード・リーチ《ばーなーど・りーち》】（1887―1979）

香港生まれ。幼少期を日本で過ごす。1909年に再来日した後、柳らと知り合う。陶芸にも興味を抱き、1920年には濱田と渡英し、南西部のセント・アイヴスに窯を開いた。日本各地の窯場へ出向き、洋食器の製法、技法の普及に尽力した。

【鈴木繁男《すずき・しげお》】（1914―2003）

静岡県生まれ。18歳のときに柳家に書生として入り、柳宗悦の薫陶をもっとも近いところで受けた。全国の窯場をまわり、実践的な指導をおこなったほか、雑誌『工藝』の表紙を漆絵で制作するなど工芸意匠家、漆芸家としても非凡な才能を発揮した。

05 用の美

「民藝」と聞いて、「用の美」（「用即美」とも）という言葉を思い浮かべる人は多いのではないだろうか。実際、柳は用と美の関係をくり返し語ってはいるが、用の美は「機能的につくられたものは美しい」ということではない。用の美といわゆる機能美とは違うのだ。

　では、「用の美」とはどういうことをいうのか。柳の著書『工藝の美』（1927（昭和2）年）を要約すると、日々の酷使（用）に耐えるしっかりしたつくりに宿る健康的な美しさ、くり返し愛情深く用いられることで生まれる経年変化の美しさ、ということができそうだ。さらに柳は、

「ここに『用』とは単に物的用という義では決してない。（中略）唯物的用というが如きは概念にすぎない」

「用とは共に物心への用である。物心は二相ではなく不二である（物と心は別々のものではなく実際にはひとつ）」

とも書いている。ものと心を分けて考えることはできないので、うつわは人に対して便利に使われるという「用」を果たすだけでなく、精神的な充実を与えるという「用」も果たしているということか。ともあれ、「用の美」が「機能的なもの＝美しい」という意味ではないということが大切だ。

06 民芸風・土産物

いま辞書で「民芸」をひくと、凡例として〈〜調の家具〉などと出てくる。あるいは「民芸風」と聞くと、多くの人は漠然とした「田舎風」を思い浮かべるのではないだろうか。こうしたデザインの型としての「民芸的なもの」も、世の中には多く存在している。

　しかしそもそも「民藝」はデザインの様式ではないので、うわべの型として民芸のニュアンスを採り入れた民芸風、民芸調とはまったく別物。とくにその地域の裏づけなくつくられ、土産物店の店先に並ぶ民芸風の物品もまた、本来の民藝とは似て非なるもの。こうした民芸風・土産物は、昭和30年代から40年代にかけての「民芸ブーム」の中で多く生まれ、定着した。こうしたものが登場したということは、民藝にそれだけ大きな消費を喚起する力があったということでもある。

民芸ブーム（民陶ブーム）
「もはや戦後ではない」と敗戦からの復興が宣言された昭和30年代、豊かさを取り戻しつつあった人たちの間で古きよき日本の手仕事が注目され、民藝が一気に大衆化。デパートの催事では盛んに「民藝展」が行われるなど、ブームといわれる状況が続いた。このブームは昭和40年代後半以降すたれたが、ここ数年はかつてのブームを知らない若い世代を中心とした民藝ブーム再来の兆しがある。

07 民窯

民窯《みんよう》とは、もともとは中国や韓国の「官窯《かんよう》」（宮廷用の美術性の高い陶磁器や、産業振興策として陶磁器を焼く宮廷や政府の窯。日本の「藩窯《はんよう》」「御用《ごよう》窯《がま》」にあたる）に対して、民間の窯という意味だった。

　しかし、明治維新以降の日本では、「藩窯」「御用窯」は後ろ盾がなくなったことで成立しなくなり、区別が意味を持たなくなった。また、もともとの民窯も生活様式の変化、産業の機械化の流れのなかで崩壊しつつあった。

　そんな時代に、民窯でつくられてきた「下手物」から健康的な美しさを持つものを拾い上げ、新たな価値を与えたのが、民藝運動だった。民藝の考え方が生まれた昭和初期に**「民窯（民陶）」**は、「民藝の陶磁器を焼く窯、またはそこでつくられる陶磁器」という新しい意味を持った。これにより、民窯は茶陶（茶の湯で使われる陶磁器）のように鑑賞を主とする陶磁器や、機械で大量生産される工業製品としての陶磁器を焼く窯、個人作家の窯と区別されることとなった。

　では、柳の**『手仕事の日本』**が出版された1948（昭和23）年から60年以上が経過したいまの「民窯」「民藝のうつわ」とはどんなものなのだろうか。

　久野さんは、実用性、無銘性、複数性、地方性、手仕事の5つを定義として挙げる。各定義を詳しくいうと上記のようになるのだが、たとえば生活環境の変化により地元の材料の確保が難しくなったことなど、手仕事を取り巻く環境の変化をふまえた定義でもある。それでも、これらを満たした「民窯」と呼べる産地、窯は決して多くはない。本書では、そんな多くはない民窯とそのうつわを紹介する。

《現代の「民藝のうつわ」の条件》

一、実用性…使いやすさを考慮したかたちであること、丈夫であること

二、無銘性…つくり手はあくまでも職人であること

三、複数性…職人がすぐれた製品を量産できる技術をもつこと

※元々の民藝の定義にあった「廉価性」は安価な機械製品の普及などにより、現実的には成立しなくなっている

四、地方性…可能な限り地元で採れる材料を使い、地域伝統の技法を生かすこと

五、手仕事…ろくろ成型を基本とする手づくりであること。ガス窯や電気窯は極力使わず登り窯で焼成するなど、なるべく機械を使わないこと

民窯・民陶

どちらもほぼ同義だが、厳密にいうと民窯は生産地、民陶はおもに日用品を生産する窯元やそこでつくられるやきもの、と区別される。

手仕事の日本

柳宗悦が1940（昭和15）年前後の日本各地に残る美しい手仕事を紹介した民藝案内書。戦時中に執筆され、1948（昭和23）年に出版された。紹介される手仕事には戦争や社会状況の変化のなかで失われてしまったものも多く、かつての手仕事文化を知るための貴重な資料ともなっている。現在は岩波文庫として刊行されている。

全国民窯マップ

全国各地に窯場は数あれど、現在進行形で民藝の精神を受け継ぐつくり手がいるところとなると、じつはほんのひと握りだという。そこで「民藝のうつわをめぐる旅」の第一歩として、久野さんのアドバイスのもと2012年版民窯マップをつくってみた。気になるうつわ、ありますか？

小久慈焼（岩手県）
kokujiyaki→127頁
白釉または飴釉のみのシンプルな装飾や、長い注ぎ口をもつ片口で知られる。始まりは約200年前の江戸後期。

楢岡焼（秋田県）
naraokayaki→120頁
江戸末期から140年以上の歴史をもつ。たっぷりとかけられた青い海鼠釉（なまこゆう）が最大の特徴。

平清水焼（山形県）
hirashimizuyaki→126頁
江戸時代から続く山形最古の窯場。「梨青磁（なしせいじ）」と呼ばれる斑点のある青磁などに特色がある。

会津本郷焼（福島県）
aizuhongoyaki→125頁
桃山時代に城の瓦製造からスタート。この地域特有のニシン鉢（写真）を柳宗悦が賞賛したことで知られる。

横田窯（茨城県）
yokotagama→117頁
鉄分の多い土を生かした「磨き土器」を50年以上つくり続ける横田さんの窯。久野さんが見つけた新しい民窯。

瀬戸焼（愛知県）

setoyaki→106頁

日本六古窯のひとつで日本有数の窯業地帯。この地で柳宗悦が賞賛した「石皿」（写真）や「麦藁手」のつくり手も健在。

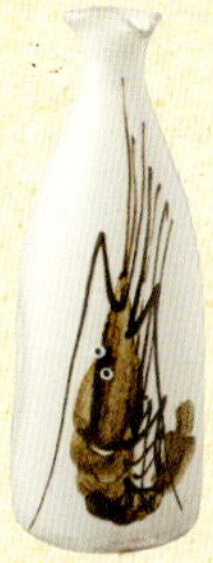

丹波立杭焼（兵庫県）

tanbatachikuiyaki→98頁

日本六古窯のひとつ。江戸時代には茶陶も多く手がけたが、一貫して日用雑器を生産の中心にしてきた。

益子焼（栃木県）

mashikoyaki→110頁

元々日用雑器の産地だったが、民藝運動を推進した作家のひとり、濱田庄司が窯をおいたことで日本を代表する窯場のひとつに。

伊賀丸柱焼（三重県）

igamarubashirayaki→102頁

奈良時代に始まったという伊賀焼の現在の中心的生産地が丸柱地区。耐火度の高い土を生かした土鍋の産地として有名。

因州中井窯（鳥取県）

inshu nakaigama → 90頁

初代が1945年に登り窯を築窯し、近隣の牛ノ戸焼の伝統を引き継ぐ窯として発展。黒や緑の染め分けが特徴。

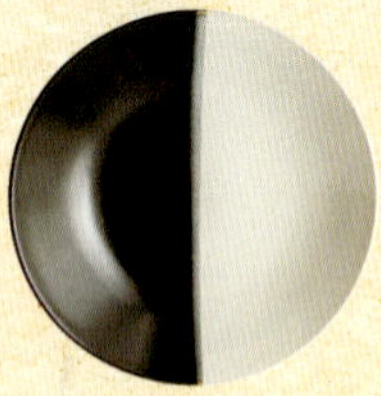

布志名焼（島根県）

fujinayaki → 86頁

江戸から続く伝統を守りつつ、民藝と出会い洋食器も手がけるように。黄釉や海鼠釉、スリップウエアの手法が特徴。現在は湯町窯が布志名焼の流れを継承している。

出西窯（島根県）

shussaigama → 80頁

1947（昭和22）年、地元出身の青年5人による共同窯として開窯。民藝の教えを礎に実用陶器をつくり続けている。

永見窯

山根窯

延興寺窯

山陰の民窯

sanin no minyo → 122頁

民藝運動がとくに盛んだった山陰では、その精神に共感した人たちによって開かれた個人の窯も多い。その流れをくむのが、1970年代後半～80年代に開窯し、地元で採れる陶土・釉薬を用いたうつわづくりを続ける島根の永見窯、鳥取の山根窯・延興寺窯。

砥部焼（愛媛県）

tobeyaki → 94頁

良質な陶石を産することから磁器の産地に。少し厚手の白磁に呉須（コバルト）を中心に赤、緑なども用いた染付が特徴。

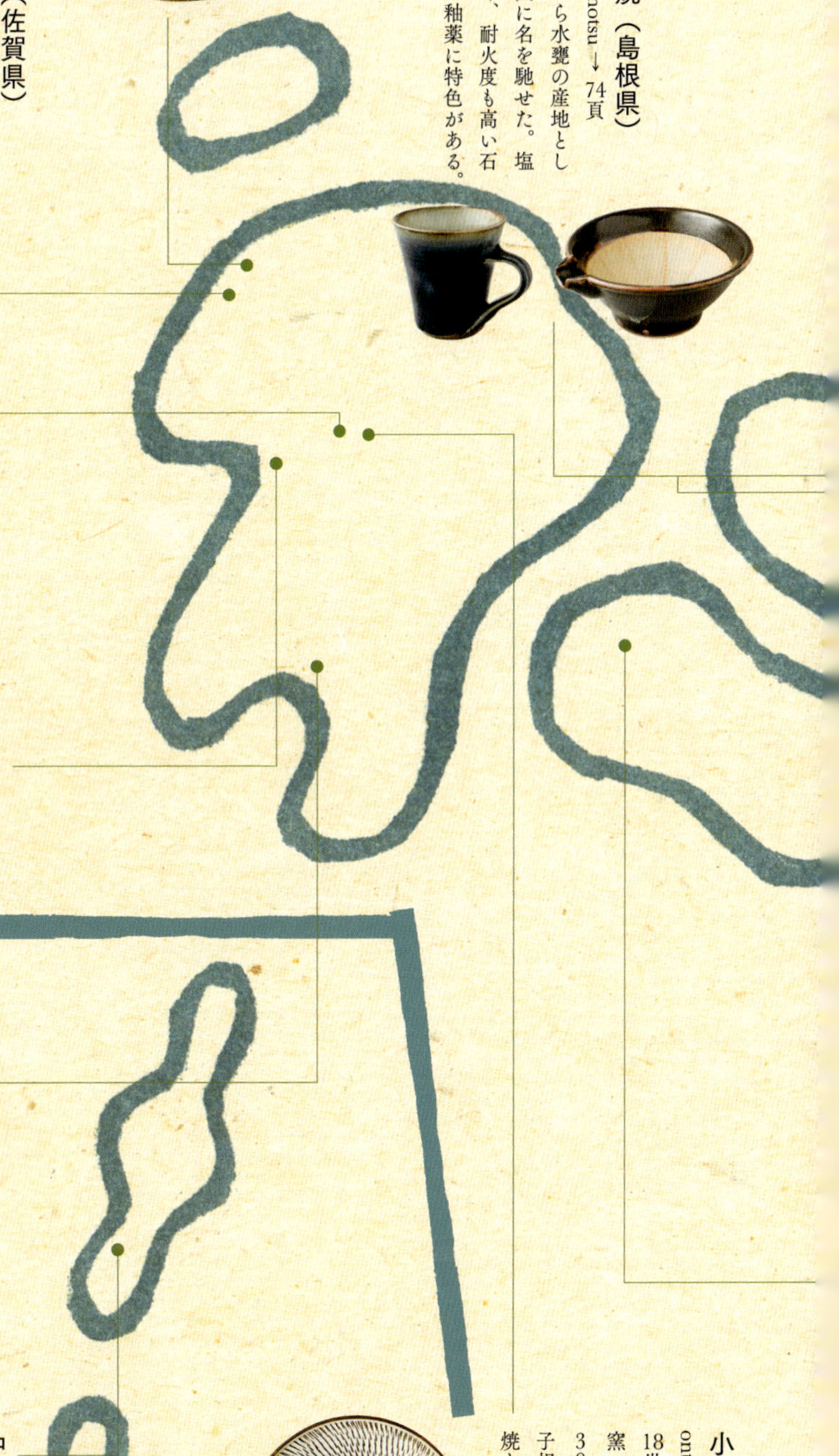

石見焼・温泉津焼（島根県）

iwami・yunotsu→74頁

江戸時代から水甕の産地として日本全国に名を馳せた。塩や酸に強く、耐火度も高い石見の陶土・釉薬に特色がある。

唐津焼（佐賀県）

karatsuyaki→70頁

佐賀東部・長崎北部の窯を総称するため、作風・技法はさまざま。李朝の流れをくむ茶陶で名高いが、日用食器の伝統もある。

有田焼（佐賀県）

ariayaki→72頁

日本で最初の磁器産地として400年の歴史をもつ窯業地。伊万里焼とも。真っ白な素地、鮮やかな絵付けが特徴。

小石原焼（福岡県）

koishiwarayaki→62頁

17世紀後期から続く筑豊地方最初のやきもの産地。刷毛目、飛び鉋、櫛描きなどの技法を用いてつくられる独特な紋様で知られる。

小代焼（熊本県）

shodaiyaki→66頁

江戸初期からの400年の歴史をもつ。焼成温度などにより多彩な色に変化する釉薬や、その釉薬が生み出す力強い景色に特徴がある。

龍門司焼（鹿児島県）

ryumonjiyaki→50頁

龍門司系、苗代川系、竪野系の3系統が現存する薩摩焼の一系統。写真の「カラカラ」や「黒茶家」など、地域特有のかたちをもつうつわも多い。

小鹿田焼（大分県）

ontayai→54頁

18世紀初頭に小石原焼の兄弟窯としてスタート。以来300年間10軒の窯元が一子相伝で技術を伝承。小石原焼と共通の技法も多い。

沖縄の民窯（沖縄県）

okinawa no miyo→36頁

琉球王朝時代からの壺屋焼の伝統を受け継ぐ上焼（ジョーヤチ）と荒焼（アラヤチ）に大別される。現在は多くの窯元が読谷村周辺にある。

いまさら聞けない うつわのいろは

うつわを見るとき、選ぶとき、使うとき。素材や色・かたちによる違いがわかると楽しさが一気に広がる。うつわ全般に関する基礎知識をマスターしておこう。

Q.陶器と磁器は、どう違う？

土を練りかためて焼いたいわゆる「やきもの」は、陶器、磁器、炻器《せっき》、土器の4種に大別される。それぞれの違いは土の成分や焼成温度で、これにより焼成後の性質も違ってくる。このうち日本のうつわにもっとも多い陶器、磁器のおもな違いは下の通り。ちなみに土器は粘土を成形し、700〜800℃で焼いた釉薬を掛けないもの、炻器はストーンウエアとも呼ばれ、粘土を成形し、1200〜1300℃で焼き締めたものをいう。

《陶器》

- 地中の粘土層から掘り出す粘土でつくられる
- 土の素地は茶系、グレー系など色がある
- 1000〜1300℃で焼く
- 焼成後も水を吸うため釉薬を掛けておくことが多い
- たたくと鈍い音がする

《磁器》

- 長石や珪石などガラス質を含む陶石でつくられる
- 土の素地は白。透明な釉薬を施すことが多い
- 1300〜1400℃の高温で焼く
- 焼成後は半ガラス質になり水を吸わない
- たたくと金属的な澄んだ音がする

Q.どんな色、模様の種類があるの？

うつわの色は、成分の違う釉薬により生まれる。また柄や模様は複数の釉薬を組み合わせたり、表面に絵や彫りなどの装飾を施すことでつくられている。その種類はじつにさまざまだが、なかでも定番ともいえる色、技法をおさえておこう。

・色（釉薬）の種類

釉薬には、表面をガラス質でコーティングして吸水性をおさえる役割も。うつわに美しさと堅牢さを与える装飾の代表的な12色。

透明釉（とうめいゆう） 名前の通り透明な釉薬。この釉薬だけで素地の白さを生かした磁器を白磁と呼ぶ。金属成分などを加えることで多彩な色の釉薬になる、各種釉薬のベースでもある。

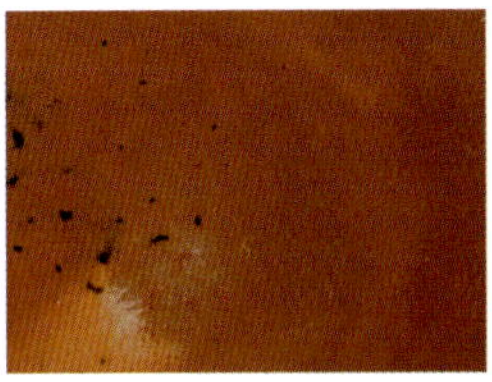

柿釉（かきゆう） 鉄分が多い鉄釉の一種で、鉄の作用で赤茶色（この色が果物の柿に似ている）に焼き上がる。濱田庄司が好んで用いたことから、現在も益子焼の伝統的な釉薬となっている。

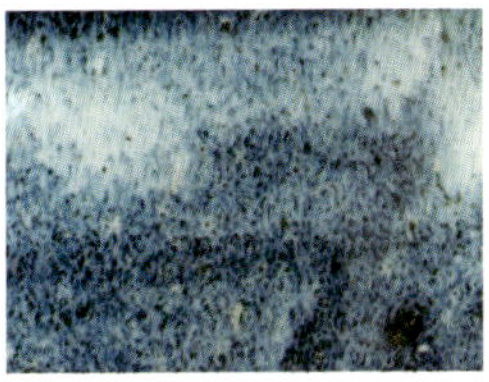

海鼠釉（なまこゆう） 藁の灰を原料とする灰釉で、青の濃淡や白、赤などの入り交じった複雑な流紋や斑点が生じる。その模様がナマコに似ていることから名づけられた。楢岡焼の代表的な釉薬。

灰釉（かいゆう） 木や草、藁（わら）など植物の灰を溶媒とした釉薬。藁灰釉はベージュ系、木灰釉は褐色系など、ベースになるものの種類、合成する成分によりさまざまな色を出す。

飴釉（あめぐすり） 灰釉に鉄またはマンガンを加え、酸化焔焼成することで褐色（飴色）を出す鉄釉の一種。日本各地の窯の製品に使われる、もっともポピュラーな釉薬のひとつ。

呉須釉（ごすゆう） 深いコバルトブルーを出す酸化コバルトを含む釉薬。呉須は酸化コバルトを主成分とする鉱物系の顔料で、中国の産地名に由来する。出西窯、森山窯などで特徴的に使われている。

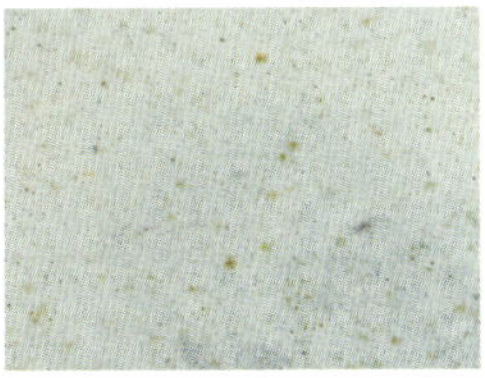

糠白釉（ぬかじろゆう） 灰釉の一種で、米のモミ殻や糠を真っ白に焼いた灰を使用する釉薬。焼成すると不透明な白に焼き上がる。丹波立杭焼や小代焼、益子焼などで特徴的に使われている。

青磁釉（せいじゆう） 灰釉に酸化鉄を加えた釉薬で、還元焔焼成により青緑色になる。中国で青磁のうつわをつくるために発達した技法。同じ釉薬でも酸化焔焼成すると黄褐色～黄色になる。

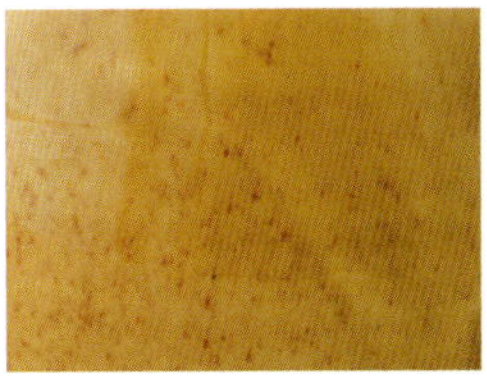

黄釉（きぐすり） 灰釉を高温で溶かすと成分が黄色になることを利用した釉薬。桃山時代に美濃地方で焼かれはじめた「黄瀬戸」や、湯町窯のスリップウエアなどに使われている。

黒釉（くろゆう） 灰釉に酸化鉄を加えた鉄釉の一種で、高温で酸化焔焼成することにより黒くなる。日本では瀬戸で使われはじめ、美濃・瀬戸で焼かれた黒釉の陶器はとくに「瀬戸黒」と呼ばれる。

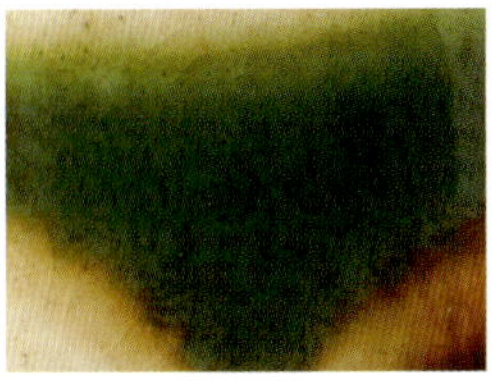

緑釉（りょくゆう） 透明釉に酸化銅を加え、酸化焔焼成することで緑色を出す釉薬。瀬戸の代表的な技法のひとつ、織部によく用いられることから織部釉とも呼ばれる。民窯では青地釉とも。

粉引（こひき・こびき） 白い色は陶器の素地にかける白化粧土によるもの。李朝時代の朝鮮で貴重品だった白い磁器を模す技法として発達した。粉を吹いたように見えることから「粉吹（こふき）」とも。

装飾技法の種類

うつわの装飾には、釉薬以外にも絵や模様を描いたり、表面を彫る、削るなどの多彩な技法がある。一般的な8つの技法をチェックしよう。

染付（そめつけ）
成形した磁器の素地に呉須で絵付けをし、透明釉を掛けて焼く技法。呉須が還元焔焼成で藍色に変わり、白地に藍色の紋様になる。

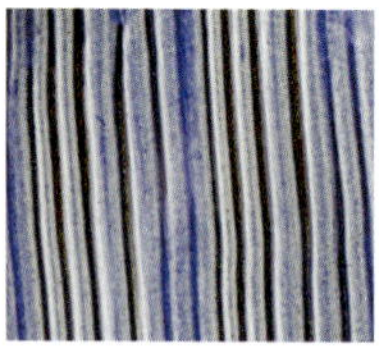

櫛目（くしめ）
竹串や金属や木材の櫛状の道具を使って素地を引っかき、筋を刻む技法。素地に直接施す場合と釉薬をかけてから施す場合がある。

打ち掛け（うちかけ）
ひしゃくに釉薬や化粧土をくみ、打ち水をするようにうつわに流しかける技法。釉薬の流れ具合により力強い紋様が生まれる。

三彩（さんさい）
多色の釉薬をかける技法。多くは鉛釉を用いて低温で焼かれ、2色や4色でも三彩と呼ばれる。中国で唐代に焼かれた唐三彩が由来。

打ち刷毛目（うちはけめ）
成形したうつわをろくろで回転させながら、釉薬をつけた刷毛を打ちつけて放射状の紋様をつける技法。

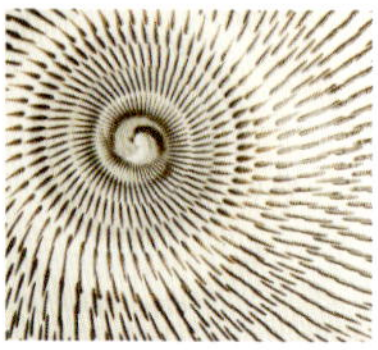

飛び鉋（とびかんな）
成形したうつわをろくろで回転させながら、金属製の鉋をあてて細かな刻みを入れる技法。小鹿田焼、小石原焼で多用される。

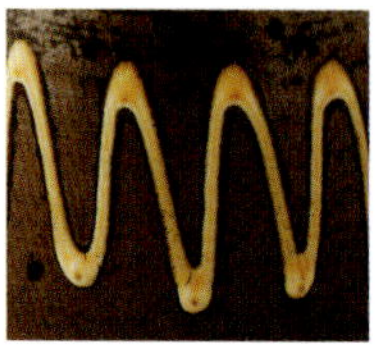

イッチン
釉薬や化粧土を絞り出して盛り上がった紋様を描く技法。絞り出しにはスポイトや竹筒などが用いられる。筒描き、ポン描きとも。

しのぎ（面取り）
厚めに成形したうつわの側面を鉋や針金で削り、全体を多角形にする技法。元々の「しのぎ」は刀の刃と峰の間に走る筋。面取りとも。

Q. かたちにはどんな種類がある？

うつわのかたちは、茶陶や懐石料理のためのうつわまで含めれば、じつに多種多様。歴史的に見れば、上流階級のためのうつわのなかから毎日気がねなくあつかえるシンプルなものがドレスダウンされ、庶民のうつわとして普及してきたという流れがある。つまり日常使いのものほどくり返しつくられ、使われるなかで工夫されてきた、理由のあるかたちをもっている。なかでも定番的なかたちを碗、皿、鉢、それ以外のうつわに大別して見ていこう。

〈うつわ各部の呼び方〉

《碗》

飯碗
ごはんを盛るためのいわゆる「お茶碗」。茶碗は元々お茶を飲むための磁器をさしたが、ごはんを主食とする日本では茶碗＝飯碗となった。

汁碗
汁ものをたっぷり受け止め、かつ安定するよう胴から腰がなだらかにつくられるのが一般的。日本では木の素地に漆を塗った「椀」が使われることも多い。

一般的な寸法

《皿》

和食器は習慣的に直径が寸で表されることが多いので、1寸約3㎝と覚えておこう（「寸」を「号」で表す場合もある）。一般的な小皿、中皿、大皿のサイズとして、3種類を実寸で示した。

八寸
大人数に供する料理を盛る大皿は8寸以上。1尺（＝10寸）の皿はとくに尺皿と呼ぶ。

六寸
取り皿やひとり分のおかず皿によい中皿の一般的なサイズは5～7寸で、直径15～21㎝程度。

三寸
醤油皿や取り皿などに使う小皿の一般的なサイズは2～4寸で、直径6～12㎝程度。

丸皿
最もベーシックで用途も多い。平らなものは平皿、立ち上がりがあるものは切立皿と呼ぶ。

角皿
四角い皿。正方形のものは懐石料理に由来する「四方」とも。

深皿
見込み部分に深さのある皿。汁気の多い料理などに向く。和食にかぎらずカレーやシチューなどにも合う。

縁付皿
皿の周囲に縁のついたもの。「縁」を英語で表したリム付皿とも。縁の部分に厚みをつけ、丸くしたものは玉縁皿と呼ばれる。

豆皿
小皿よりもさらに小さい皿。箸休めや調味料を入れるほか、箸置き代わりにも使える。

《鉢》

深鉢・丸鉢
円形で深さのある鉢。皿同様に小鉢、中鉢、大鉢とサイズもいろいろあり、用途も多様。汁気の多い料理全般に使える。

角鉢
角形の鉢。胴の部分の立ち上がりの角度はさまざま。垂直に立ち上がっているタイプなら重箱のようにも使える。

片口
縁の片側に注ぎ口がついたもの。元々は液体を移し替える道具だったが、現在はその独特なかたちが楽しまれる。

どんぶり鉢
大きな飯碗のような厚手のうつわ。江戸時代の一杯めし屋「倹飩屋」で使われたことに由来する説も。

すり鉢
食材をすりつぶすための日本の伝統的な調理器具。下にいくほど径が小さくなるじょうご型が一般的。

切立鉢
縁に立ち上がりのある鉢。汁気の多い料理の取り皿にも。胴に反りがあるものははたぞり（端反り）切立鉢。

その他のうつわ

《茶器》

日常づかいの茶器としては、急須、土瓶、湯呑み、くみ出しの4種が基本。胴の一方に注ぎ口がついたうつわのうち、胴に持ち手をつけたものが急須、上部につるを渡したものが土瓶、と大別される。筒型で細長い「湯呑み」はお茶が冷めにくいかたちなので冬向き。高さの寸法が口径よりも短い「くみ出し」は、元々茶席で白湯を出すために使われた、見込みや水色を楽しめるかたち。

《酒器》

徳利
首の部分がしまっているため、注ぐときに出る「とくりとくり」という音が名前の由来ともされる定番の酒器。形は多種多様。

黒茶家（くろぢょか）
黒千代香とも書く、鹿児島で伝統的に使われてきた焼酎用土瓶。水で割った焼酎を入れて囲炉裏にかけて燗をするために使われていた。

カラカラ
九州・沖縄地方の酒器。内部に陶丸が入っていて、容器を振るとからからと音がして酒がなくなったことがわかったことから名づけられたという。

抱瓶（だちびん）
沖縄地方特有の酒器。元々は泡盛を携帯するための容器だったため、持ち主の腰に沿うよう胴の片側がえぐれた三日月型になっている。

《カップ類》

持ち手のないコップ型のフリーカップ、深さのある胴に持ち手のついたマグカップ、浅い持ち手つきのカップに受け皿がついたコーヒー（ティー）カップ、そして本来のそばつゆを入れる用途以外にも幅広く使えるそば猪口などがある。

《ピッチャー》

小さなミルクピッチャーから花びんとしても使える大型のピッチャーまでさまざまなサイズがある。民藝のうつわとしては、バーナード・リーチが各地の窯を訪れて指導したことから生まれた「リーチ型ピッチャー」が有名。

《壺・甕》

おもに食品を保存するための道具として、庶民の暮らしのなかでもっとも早くから多用されてきたのが壺や甕。鮎の塩辛の容器としてつくられた小鹿田焼のうるか壺のように、産地の伝統的な食文化を反映した特徴的なかたちも多い。現在は現代的な食生活に合わせた小型のものが多くなっている。

砂糖壺

薬味壺

うるか壺

漬物甕

2時間目

いまの民藝を
探しに行こう

産地を訪ねて、うつわを知る

1時間目で予習を終えた。
おぼろげながらも、民藝のこと、うつわのことが理解できた。
実際に民藝店まで足を運び、いくつかのうつわに触れてみた。
そのうちに、もっと多くの窯のうつわを知りたい、
それらが生まれる現場を見てみたい、
職人と会ってみたい……というひそかな欲望がムクムクと。

そんな方々を、2時間目では、
「民藝のうつわをめぐる旅」へご招待。

沖縄の自然や風土から育まれた民窯のやきもの、
唐臼の音が響き、昔の面影が色濃く残る「小鹿田焼」、
戦後5人の若者の夢から始まった現代を代表する民窯「出西窯」、
日本六古窯の「丹波立杭焼」「瀬戸焼」など……。
実際に窯元を訪れ、職人から聞いた歴史や現状をとりまく話、
特別に披露していただいた伝統の技などを、
あますところなく紹介する。

2時間目を読み終えた後には、日本がうつわ大国であること、
北から南まで、その土地に固有の文化を持ち、
それがいまも受け継がれていること、
そして手仕事のすばらしさを
あらためて実感していただけることだろう。

さて、次の旅はどこへ行こう……？

01

沖縄の民窯

琉球王国の歴史と
沖縄の大地が育んだ
情熱の結晶

沖縄県中頭郡読谷村・国頭郡恩納村

松田共司さんの工房にあった来客用の湯呑み。

壺屋焼の誕生と人間国宝・金城次郎

沖縄では、やきもののことを「やちむん」と呼ぶ。そのやちむんのルーツのひとつが、那覇市内の観光名所「壺屋やちむん通り」の名前にもなっている壺屋焼《つぼや》だ。壺屋焼は1682年、琉球王国が涌田焼、知花焼などを統合するかたちで生まれた。

泡盛用の酒器「カラカラ」や、アラヤチ（荒焼）の「叩き」技法、「三彩流し」などの装飾が**薩摩焼**と共通することからわかるように、薩摩の侵攻により内地および朝鮮の技術が伝わったことで壺屋焼は発展していった。

その壺屋焼が生んだ最高の陶工が、1985（昭和60）年に沖縄県ではじめて人間国宝に選ばれた**金城次郎**だ。2004(平成16)年に死去してからも、やきものを生業にする者たちの憧れの存在であり続けている。

また、「京都で道を見つけ、英国で始まり、沖縄で学び、益子で育った」と書き残しているように、濱田庄司はイギリスから帰国後の1920年代、壺屋の新垣製陶所で作陶に没頭していた時期がある。そのため、柳宗悦らがたびたび壺屋を訪れたことも、壺屋焼が脚光を浴びる要因となった。

壺屋から読谷村へ現代のジョーヤチとアラヤチ

その後、沖縄の陶芸の中心地は、那覇市内の壺屋から沖縄本島中部の読谷《よみたん》村《そん》へとシフトしていく。

1972（昭和47）年に沖縄が日本に返還されると、全国的に社会問題となっていた公害が沖縄でもクローズアップされるようになり、那覇の中心部で住宅が密集する壺屋では、登り窯の使用が難しくなってきた。他の産地では、登り窯からガス窯への転換が進んでいたが、壺屋には、登り窯へのこだわりを持つ陶工が多かった。

そこで、読谷村は金城次郎を招待し、登り窯を築ける環境を整備した。次郎が息子たちと移住したのをきっかけに、読谷村では、〝ゆいまーる（沖縄の方言で相互扶助の意味）〟の精神にもとづく「やちむんの里」構想が本格化し、「共同体」であることを条件に、荒地となっていた元米軍用地を提供するとした。1978（昭和53）年、構想に賛同した大嶺實清《おおみねじっせい》、山田真萬《しんまん》、玉元輝政、金城明光の4人が移り住み、9連房からなる共同の登り窯を築いた。

一方、読谷村に共同窯を設けた師匠のもとで働く弟子たちもまた、独立後、自分たちの共同窯を持つことを夢見ていた。そうして1992（平成4）年、大嶺實清の弟子だった松田米司《よねし》さんと共司《きょうし》さんの兄弟、山田真萬の弟子だった宮城正亨《まさたか》さんら4人が集まり、県内で最大の規模を誇る13連房の登り窯を築く。師匠たちの共同窯の北側に位置することから、「読谷山焼北窯」と名づけられた。いまや、全国的にもっとも人気のある窯のひとつとなった。

読谷村に窯を構える窯元の中で異色なのが、新垣栄用《えいよう》さんだ。現在の沖縄のやきものの主流は「ジョーヤチ（上焼）」と呼ばれる施釉陶器で、白化粧や唐草紋、点打など、沖縄らしいおおらかな絵付けが人気だ。それに対して、新垣さんが手がけるのは、釉薬を使わずに焼き締める「アラヤチ（荒焼）」。水甕や酒甕などの貯蔵用の容器がおもにつくられた。その素朴な風合いは沖縄のやきものの原点であり魅力的なのだが、プラスチック製品の台頭などの時代の流れから、需要は減少し、つくり手の数も急速に減っている。

薩摩焼→50頁

金城次郎
きんじょう・じろう（1912―2004）。沖縄の壺屋焼の陶工。壺屋焼の伝統をベースに、天才的とも称される独自の技法で日用陶器を制作。1985（昭和60）年には沖縄県初の人間国宝に認定された。

【読谷山焼北窯】

松田共司さんの手。手のひらの反りが、皿やマカイ（飯碗）などのラインを決める。

北窯から生まれた新たな伝統
明るく健やかで現代的なうつわ

校庭を思い起こさせる土の広場、その広場を囲むように建てられた平屋の工房。「学校みたい……」というのが、読谷山焼北窯を訪れた第一印象だった。工房をのぞくと、ろくろをまわす者、釉薬掛けをおこなう者など、一心不乱に作業に打ち込む陶工たちの姿があった。その中に松田共司さんの姿もあった。

双子の兄の米司さんとともに読谷村の大嶺實清の窯で働いていた共司さんが、米司さん、宮城正亨さん、與那原正守さんの4人で「読谷山焼北窯」を開いたのは、1992（平成4）年のことだった。

いまでは沖縄を代表するつくり手となった共司さんも、当時は北窯で一番売れていなかったという。ここから、山田真萬さんを通じて知り合った久野さんとの二人三脚の日々がはじまった。

もののつくりは悪くない。ただ、全体的に力が弱いと感じていた久野さんは、白が映えるように化粧土を改良し、釉薬を薄くし、絵付けを大胆にするようにアドバイス。絵付けはおもに共司さんの奥さんが担当したのだが、もともと職人的に数をこなしていく仕事ぶりには目を見張るものが

技を見る

美しいかたちは確かな技術から
松田共司さんのカラカラづくり

①ろくろで本体のかたちをととのえてから、陶土でつくった玉を入れる。泡盛がなくなると「カラカラ」と音が鳴る。②指を使い、泡盛を注ぐための口をかたちづくっていく。③これが松田共司さん。注ぎ口をつくっているところ。注ぎやすく、こぼれにくいことが重要。④完成。

沖縄を代表する酒器「カラカラ」。薩摩焼から伝わってきたとされる。

（上段右）イッチンで模様を描いていく宮城正亨さん。（上段中）化粧掛けしたうつわに、指描きで模様をつける。
（上段左）次々に指描きされたうつわが出来上がっていく。（下段右）北窯の売店に並ぶ、沖縄らしい絵付けの皿。
（下段左）宮城工房で作陶に励む弟子たち。
（左ページ上）読谷山焼北窯。（左ページ下）13連房の登り窯。年に5回ほど窯焚きがおこなわれる。

あり、瞬く間に上達していった。こうして、共司さんが成形し、奥さんが絵付けするという、沖縄の窯ではめずらしいスタイルが確立された。

さらに、登り窯ゆえの歩留まりの悪さに悩んでいた共司さんに、もっとも火の強いところに「**角甕**」を置いて、他に火が直接的におよぶのを防ぐ「マエヌケ」という方法を提案し改善を図るなど、その関わり方は多方面におよんだ。ちなみに、この角甕はかたちがよかったために、唐草、三彩点打などの装飾を施し販売したところ、定番商品となった。

そして、共司さんのとなりに工房を構えるのが、宮城正亨さん。最初は壺屋の島袋常光さんに弟子入りし、その後、山田真萬さんのところで職人に。**数物**づくりの大半は、宮城さんが請け負っていたそうだ。そんな宮城さんのうつわを久野さんは、多少荒っぽさもあるが、沖縄のやきものの基本形を踏まえた骨格のある仕事だと語る。

かつて若者だったふたりは、いつのまにか次世代の陶工を育てる立場となった。親方がつくる、沖縄らしい明るく健康的で現代の暮らしに合ううつわを目指して、若い陶工たちは今日もろくろをまわしている。

角甕
かくがめ。周囲が切立になった大型の四角い甕。通常切立の鉢や甕は型で成形されることが多いが、この甕は会津本郷焼のニシン鉢（→125頁）と同様、土を貼り付けた板でかたちをつくる「板起こし」とでもいうような独特な方法で成形されている。

数物
飯碗や湯呑みなど、定型サイズを数多くつくるタイプのうつわ。陶工が技術を磨くための格好の題材になる。くり返しの作業により培われた技術が、陶工が意図せず発揮する民藝の「健康な美しさ」を生み出す原動力になる。

【読谷・横田屋窯】

（右）久野さんが知花さんと付き合うきっかけになった美しい白化粧が施された角瓶。（左上）皿に点を打っていく知花さん。そのタッチはやさしい。絵付けは奥さんと手分けしておこなう。（左中）自作の登り窯。"ゆいまーる"の精神が息づく沖縄らしく多くの人たちの協力を得て完成。（左下）草呉須で唐草紋が描かれた皿。

琉球古窯を理想に
細い線描き模様に取り組む

読谷山焼北窯のはずれの森の中に、ひっそりとたたずんでいるのが、知花實さんの横田屋窯だ。こちらで家族とともに暮らし、妻とともにうつわをつくる日々を送っている。

知花さんは職人にしてはめずらしく大学を卒業しているが、学生時代に強い関心を抱いた沖縄の古典文学が彼の理想とするうつわに大きな影響を及ぼしている。沖縄において、金城次郎の存在は絶大で、いまも多くの陶工たちの尊敬を集めているのだが、知花さんはさらにそのルーツである江戸、明治期の琉球古窯を目指しているのだ。

金城次郎のうつわは、沖縄の土着のエネルギーが湧き出してきたかのような、太い線で大胆に描かれた絵付けが特徴だが、知花さんは、細い線で精緻に描くことに力点を置いている。そのためろくろの成形は薄く、白化粧は赤土に相反するように美しく、飴釉や緑釉、呉須などの釉薬の色もやわらかい。北窯のどの陶工とも違う個性だ。そのうつわは森を吹き抜ける風のような軽やかさ、爽やかさをまとっている。

【読谷・茂生窯】

（右上）御殿型のジーシーガァーミ。切立のかたち、華美を抑えつつ威風堂々とした装飾が独特。（下段右）睡蓮鉢。（下段中）御殿型のジーシーガァーミ。（左）サキガァーミを制作中の上江洲さん。

壺屋焼の伝統にこだわるジーシーガァーミの名手

上江洲茂生《うえずしげお》さんが**小橋川永昌**の仁王窯の門を叩いたのは、20歳のとき。以来、壺屋焼の伝統を重んじながら作陶を続けている。弟子入りから2年後の1972（昭和47）年、壺屋での登り窯の使用が禁じられた。その後も仁王窯で仕事を続けるも、登り窯への思いは消えることはなかった。そして1980（昭和55）年、読谷村座喜味《ざきみ》に個人窯を築く。天井の高さを抑え、勾配を急にした登り窯は、かつての壺屋の登り窯を彷彿とさせるものだ。

ギャラリーには、沖縄独自の風習から生まれた骨壷「**ジーシーガァーミ**（厨子甕）」が並ぶ。骨壷としての用途は少なくなった現在においても、後世に残したい仕事だ。御殿型のジーシーガァーミのつくり手としては、上江洲さんと照屋佳信さんという仁王窯の同門が双璧といえるだろう。

その他にも、祝い事に用いられた「ユシビン（嘉瓶）」や「サキガァーミ（酒甕）」など沖縄ならではのうつわをつくり続ける上江洲さんは、壺屋焼の正統な継承者といえるかもしれない。

小橋川永昌
こばしがわ・えいしょう（1909―78）。壺屋焼を代表する名工。父・仁王のもとで陶芸を学び、戦後は壺屋焼の復興に尽力した。金城次郎、新垣栄三郎とともに、「壺屋三人男」と呼ばれた。

ジーシーガァーミ
かつて久高島などで火葬をせずに棺桶に入れ、何年後かに出して洗骨をおこなう風習があった頃、洗骨をおさめるための骨壷として使われていた。

【読谷・栄用窯】

叩きの技法を継承する最後のつくり手

工房に到着すると、シーサーが出迎えてくれた。建物の中から出てきた大柄の男性が、新垣栄用さんだった。背筋が伸びた立ち姿は、とても80歳を超えているとは思えない。

新垣さんは、沖縄古来のやきもの「アラヤチ（荒焼）」をつくる希少な職人だ。とくに、「叩き」技法に関しては、沖縄県下いや全国を見渡しても、おそらく新垣さんしかできない。おもむろにろくろの前に座り、5升の「サキガァーミ（酒甕）」をつくり始めた。

アラヤチで使うのは、ジョーヤチで使う本島北部の山原の土ではなく、南部で採れる鉄分が多く腰がない1100℃ほどで焼き締まる赤土。それゆえ、土を叩いて腰を強くしなければならない。叩きは、薩摩の苗代川焼から流入された技法で、具体的には外側から板で叩いて土を締めていく。

暮らし方の変化により、水筒代わりに使われた「タワカシ（鬼手）」や「アンダーガーミ（油壺）」などは廃れていった。アラヤチの伝統もこのまま消えてしまうのだろうか……。

技を見る

〝叩き〟ができる唯一の陶工 新垣さんのサキガァーミづくり

①まず最初に、叩きの作業。内側に道具を当てて、外側から板でバンバン叩き、土を締めながら巻き上げていく。②③コテを当てながら、腰のラインをととのえる。④一般的にはなめし革が使われるが、新垣さんは荒々しさを残すためにあえて木綿で縁の部分をととのえる。⑤飾りの耳を取り付ける。⑥約55分で完成。この制作時間は、何年も前から変わらないそうだ。
（下）泡盛の貯蔵用に用いられたサキガァーミ（酒甕）。

苗代川焼→51頁

（上）読谷村の栄用窯の工房。（下右）息子の新垣栄さんがつくったシーサー。（下左）甕型のジーシーガァーミ。

【恩納・照屋窯】

（右）御殿型のジーシーガァーミ。（左上）皿を制作中の照屋佳信さん。年中、裸足でろくろを蹴っている。
（左中）型を使い、抱瓶を制作中。（左下）抱瓶をつくるための石膏型。

沖縄の風土が生んだ
人間味にあふれた手仕事

舗装路は終わり、両側を背の高さほどのすすきに囲まれた悪路を車は突き進んでいく。坂を下りきった先に工房が見えた。その中にTシャツに短パン姿、鋭い眼つきでろくろをまわす照屋佳信さんの姿があった。

野人のような風貌そのままに、照屋さんのうつわには粗野な魅力がみなぎっている。金城次郎の仕事に通じるものがある、と久野さんは言う。沖縄の赤土を厚く挽いているのだが、それがかえって沖縄の自然を感じさせ、また、点打に代表される技法が彼の中に渦巻くエネルギーを感じさせてくれる。

照屋さんは、型物の仕事にも非凡な能力を見せる。**仁王窯**での修業時代の経験を活かし、石膏枠や木枠を用いて「角皿」や「抱瓶」などをつくるが、とくに沖縄伝統の骨壷「ジーシーガァーミ」では沖縄でも有数のつくり手だ。

そして、登り窯での窯焚きを終え焼き上がってきたうつわは、土があばれているように見え、きれいでも均一でもない。だが、それが逆に人の心を打ち、あたたかみを感じさせてくれる。

仁王窯↓45頁
ジーシーガァーミ↓45頁

旅の途中で立ち寄った「道の駅おおぎみ」。

読谷山焼北窯の売店で売られていた湯呑み。

《訪ねた窯元》

読谷山焼北窯
1992年、松田米司さん、共司さん兄弟、宮城正亨さん、與那原正守さんの4人で開窯。13連房の登り窯は県下で最大の規模を誇る。
沖縄県中頭郡読谷村座喜味2653-1
098-958-6488（北窯売店）

読谷・横田屋窯
知花實さんは琉球大学を卒業後、松田兄弟らとともに大嶺實清窯で修業し、2002年、読谷村やちむんの里の一角に横田屋窯を開窯。
沖縄県中頭郡読谷村座喜味2651-1

読谷・茂生窯
上江洲茂生さんは仁王窯で修業後、1980年、個人窯を築窯。壺屋焼の伝統を大切に作品づくりに励んでいる。とくにジーシーガァーミを得意とする。
沖縄県中頭郡読谷村座喜味2898-1

読谷・栄用窯
新垣栄用さんは、県内でも唯一といってもいいアラヤチのつくり手。1996年には「現代の名工」に選ばれる。息子の栄さんが後継者。
沖縄県中頭郡読谷村座喜味2898-15

恩納・照屋窯
照屋佳信さんは、壺屋焼の伝統の窯、小橋川永昌の仁王窯で運転手として働き、その後職人に。現在、恩納村の山中に窯を構える。
沖縄県国頭郡恩納村山田1414

見て学ぶ

沖縄の青い海やまぶしい日差しのようにのびのびと、色鮮やかなやちむんたち

藍唐草紋6寸丸蓋物（北窯、φ20×H17cm）12600円　伝統的な蓋ものに大胆な唐草紋で力強さを。

飴草花紋6寸皿（北窯、φ19×H5cm）2520円　南国植物のように躍動する草花紋が魅力的。

三彩点打抱瓶（照屋窯、W19×H12.5×D4.5cm）6300円　伝統的な酒器に定番の点打紋を。

藍唐草青差紋8寸皿（北窯、φ25×H6cm）4830円　藍と緑の染め分けという配色が新鮮。

丸紋チューカー（北窯、φ13×H13cm）10500円　生掛けで急須をつくる難業を見事にクリア。

三彩点打5寸マカイ（北窯、φ14.5×H6.5cm）1680円　素朴な二彩の点打が沖縄らしい飯碗。

02

鹿児島県姶良市

地元の原料だけを使い
薩摩民窯の伝統を
現代に伝える

龍門司焼

焼酎を飲むための酒器「カラカラ」。

豪華絢爛の「白」質実剛健の「黒」

「白薩摩」「黒薩摩」の名前で親しまれる薩摩焼の歴史は、豊臣秀吉による文禄・慶長の役（1592—98年）の際に、薩摩藩主の島津義弘が朝鮮人陶工を連れ帰った400年以上前にさかのぼる。それは後に、藩窯の竪野《たての》焼、苗代川《なえしろがわ》焼、龍門司《りゅうもんじ》焼など、独自の発展を遂げた。

もっとも古いのが、1599年に**朴平意**らによって開かれた苗代川焼だ。こちらでは当初、半胴甕《はんどうがめ》、大壺などの大物、茶家《ちょか》と呼ばれる焼酎用の土瓶などの「黒もん」がつくられたが、やがて白土による「白もん」も焼かれるようになっていった。代表的な窯に、豪華な金襴手の絵付けが施された白もんで知られる「**沈壽官窯**」がある。

次に開かれたのが、朝鮮人陶工の金海が藩窯として帖佐《ちょうさ》（現在の鹿児島県姶良市）に宇都窯を築いたことに端を発する竪野焼。肥前や京都などから染付、色絵などの技法を学び、おもに藩への献上品、贈答品が焼かれた。

藩主御用達として発展してきた「白薩摩」に対し、庶民の日用雑器であり続けた「黒薩摩」。その黒薩摩とともに歴史を重ねてきたのが、古帖佐焼の流れをくみ、1688（元禄元）年に朝鮮人陶工の山元碗右衛門《わんえもん》により開窯された龍門司焼だ。

龍門司焼企業組合の成立 その後の発展と分裂

民藝のうつわの中でも人気が高い龍門司焼だが、県道沿いに「龍門司焼企業組合」と「龍門司焼次郎太窯」のふたつの窯があるのみ。まずはその歴史をひも解いていくことにする。

戦前の龍門司焼は、多くの家がやきものを生業にし、集落で共同の登り窯を所有していた。しかし、戦後になるとその数は激減し、龍門司焼の存続が危ぶまれるようになった。そこで龍門司焼の伝統の継承を目的に、1947（昭和22）年、後に三彩の技術保持者として鹿児島県初の県指定無形文化財に指定される川原軍次と、庄屋の跡継ぎとして豊富な人脈を持つ川原光のふたりを中心に、龍門司焼共同組合がつくられた。共同体の形式で窯が運営されるのは、ほかに島根の**出西窯**くらいしかないめずらしい形態である。

いまも人気の薩摩特有の焼酎用土瓶、黒茶家。

苗代川焼のソバガキ碗（右）を手本にした新作（左）。

龍門司窯の登り窯の脇で乾燥中のうつわ。

白薩摩
水簸（すいひ、土を水に溶かし粒子の粗い粒などを取り除く作業）をくり返した土で焼かれる白い薩摩焼。「白もん」とも。藩主御用達の陶器として発展し、現在もつくり続けられている高級陶器。

黒薩摩
鉄分が多いため黒く焼き上がる土を用いた薩摩焼。「黒もん」とも。伝統的に庶民のための日用雑器が焼かれてきた。

朴平意
ぼく・へいい。1598（慶長3）年に朝鮮より渡来した陶工。白陶土を発見して白薩摩を焼きはじめ、苗代川焼の開祖となった。

沈壽官窯
ちんじゅかんがま。島津義弘が連行した陶工のひとり、沈当吉を初代とし、現在は15代目が伝統を受け継ぐ苗代川焼の窯元。14代目は司馬遼太郎の作品『故郷忘れじがたく候』の主人公にもなった。

出西窯→80頁

龍門司焼は、陶土や化粧土、釉薬の灰など、すべての原材料を現地でまかなえる全国でも稀有な窯場である。

　とくに龍門司焼を特徴づけているものに、久野さんが「日本一」と絶賛する、焼成すると卵白のようなやさしい色合いになる化粧土がある。もうひとつが、その白化粧した素地に飴釉と緑釉を掛け流す「三彩流し」と呼ばれる独自の装飾を生んだ釉薬で、その精製と調合の権利を持っていたのが、代々陶工の家系であった軍次だった。

　光の息子である史郎さんは、戦後、**丹波立杭焼**の再興に尽力した伊勢の神楽の窯の**奥田康博**のもとで修行していた。その間に久野さんと出会い、若いふたりは意気投合、松本民藝家具の創始者である**池田三四郎**が愛用していた古い龍門司焼の飯碗や、日本民藝館所蔵の「**くらわんか**」からきたかたちのコロ茶碗の復刻に取り組んだ。

　やがて、「龍門司焼に川原史郎あり」といわれるほどに名声を高めていくのだが、次第に、軍次の息子である輝夫さんとの間に軋轢が生まれ始める。当然、釉薬の調合は輝夫さんに引き継がれており、その秘伝があるために窯の分裂は避けられると予想していたのだが、2002年、輝夫さんが祖父の興した次郎太窯を再興するというかたちで、袂を分かつことになったのだ。

5つの焼成室を持ち、年に5回ほど焼成をおこなう登り窯。

高台が緋色になるのは、登り窯で焼いている証。

日本一の化粧土、釉薬をまとう薩摩特有のうつわ

　やきものの原料や、三彩流しに代表される流し掛けの技法、登り窯による焼成など多くの魅力を持つ龍門司焼だが、それらを体現するのが、薩摩の文化から生まれた個性的なうつわである。

　その代表格が苗代川焼を発祥とする「黒茶家《くろぢょか》」。囲炉裏で焼酎を沸かしてそのまま注いで飲んだり、やかん代わりに湯を沸かしたり、またかつては、薬草を煎じるのにも使われた。脚がついているのは、土間や畑など場所を選ばず使えるようにするためだ。

　そして黒茶家で沸かした焼酎を移し、宴席の場などで用いられた「カラカラ」。持ちやすく丈夫な首、焼酎と湯を割りやすい丸いかたち、注ぎやすくこぼれにくい注ぎ口など、仕事の後の一杯を楽しむ陶工たちの用から生まれた工夫が随所に見られる。白化粧に三彩流しがとりわけ映えるうつわでもある。

　さらに薩摩でふたものを意味する

丹波立杭焼→98頁

奥田康博→100頁

池田三四郎
いけだ・さんしろう（1909—99）。長野県松本市出身の木工家。民藝運動に共鳴し、松本民藝家具の創始者となる。民藝の研究・普及活動にも情熱を傾け、民藝論をはじめとする多くの著作を残した。

くらわんか→94頁

柳宗理
やなぎ・そうり〈本名むねみち〉（1915—2011）。柳宗悦の長男。工業デザイナーとして調理器具や食器、家具など幅広い分野で実用性と美しさを兼ね備えたデザインを手がける。1957年には「バタフライ・スツール」が第11回ミラノ・トリエンナーレで金賞を受賞。77年からは日本民藝館第3代館長も務めた。

小鹿田焼→54頁

坂本茂木さん→56頁

陶工の猪俣謙二さん。

陶工の川原竜平さん。

理事長の川原史郎さん。

「しゅけ」。口が広く使いやすいために、漬物、煮物などの料理から、菓子類などまで、食卓で幅広く用いられてきた。

柳宗理の骨壺

最後に知られざるエピソードをひとつ。工業デザイナーとして活躍するかたわら、日本民藝館の館長を務めるなど民藝運動にも尽力した**柳宗理**の骨壺は、**小鹿田焼**の名陶工として名を馳せた**坂本茂木さん**が龍門司焼で制作したものだ。飴に青を流した龍門司焼を愛する宗理は、つくり手に「あいつのことは嫌いだが……」と言いながらも茂木さんを望んだのだ。双方に深い縁を持つ久野さんの仲介により、奇跡ともいえるコラボレーションが生まれた。

《訪ねた窯元》

龍門司焼企業組合
（りゅうもんじやききぎょうくみあい）
1947年創立。理事長の川原史郎さんを中心に4人の職人がそれぞれに注文をこなしている。売上は組合におさめ、給与を受けとる、共同体形式の窯。
鹿児島県姶良市加治木町小山田5940
0995-62-2549

見て学ぶ

伝統の黒薩摩に釉薬の流し掛け 薩摩気質の〝ぼっけもん〟なうつわたち

緑線描7寸青流し皿（φ21.5×H4.5）7350円　右の皿の青釉タイプ。飴釉とはまた違う趣。

緑線描7寸飴流し皿（φ21.5×H4.5）7350円　三彩に使われる飴釉の流れが縁を美しく彩る。

黒釉縁抜7寸白流し皿（φ21×H4.5cm）7350円　伝統のはまぐり皿を現代の暮らし向きに。

白掛焔硝壺（φ14.5×H24cm）19500円　薩摩地方特有の火薬入れの魅力的なかたちを小型化。

三彩流しコロ茶碗（φ7×H5.5cm）1050円　江戸時代の小湯呑みをもとに現代に復活。

黒釉青流しソバガキ碗（φ13×H9.5cm）4200円　苗代川焼の伝統的なかたちをアレンジ。

03

大分県日田市

昔の面影、風習をいまに伝える民藝の心の古里

小鹿田焼

小鹿田焼を代表する技法「飛び鉋」が施された大壺。

（右）小鹿田皿山の朝の風景。（左上）ろくろによる成形、白化粧土掛けが終わったものから軒先で天日干し。
（左下）共同窯。現在は５軒の窯元が使用している。

開窯以来変わらない手仕事のある風景

川のせせらぎとともに聞こえてくる、「ギギィ……ゴトン」という**唐臼**の音。昼夜を問わず刻み続けるこの音が、小《お》鹿《ん》田《た》焼の里の生活のリズムだ。

山間にたたずむ集落は全部で14軒、そのうちの10軒が窯元である。軒先では土づくりをしたり、板にのせたまま素焼き前の器物を天日干ししたり、作業場の中ではいまではめずらしくなった蹴ろくろによる成形や釉薬掛け、そして登り窯による窯焚きなど、夫婦はもちろん、親子二代、場合によっては三代で、やきものをつくっている。現代の日本では見られなくなった光景が、ここにはたしかに存在している。

小鹿田焼は１７０５（宝永２）年、大鶴村（現在の日田市）の黒木十兵衛が、小石原村（現在の福岡県朝倉郡東峰村）から**小石原焼**の陶工の柳瀬三右衛門を招き、坂本家がそのための土地を提供したのが始まりとされる。以来、窯元の数に変動はあるものの、黒木、柳瀬、坂本の**三家体制**は変わらず、また長男が窯を継ぎ、弟子や職人を置かない一子相伝の原則も、開窯以来受け

唐臼
からうす。臼を地面に埋め、テコの原理を利用して杵を動かすしくみで、元々は人が杵を踏む「踏み臼」が精米などに使われていた。小鹿田皿山では川の水力を利用して動かしている。ちなみに唐臼の音は「残したい日本の音百選」に選ばれている。写真は57頁。

小石原焼
→62頁

三家体制
厳密にいうと、日本人全員が公的に名字を持つようになったのは明治時代以降なので、小鹿田焼が「三家体制」になったのも、明治時代から。それ以前の小鹿田皿山では、互いに屋号で呼び合っていたという。

（左ページ）小鹿田焼の象徴的存在である唐臼。採土場から運ばれた赤土は10日間ほど乾燥させた後、唐臼で約2週間粉砕され粉末状になる。
（右）粉砕した土をフネと呼ばれる水槽に入れ、不純物を取り除く水簸（すいひ）と呼ばれる工程。
（中）水簸が終われば、窯の上などにのせて乾燥させる。（左）採土から約2カ月で陶土に生まれ変わり、ろくろ台へ。

継がれている。柳が『手仕事の日本』で、「九州に窯は沢山ありますが、おそらくこの日田の皿山ほど、無疵《むきず》で昔の面影を止《とど》めているところはないでありましょう」と書いた風景もまた、ほぼそのまま残っている。

柳が、リーチが絶賛した「世界一の民陶」

近年、日本を代表する民陶の里として、全国から注目されるようになった小鹿田焼だが、最初に光を当てたのは民藝関係者だった。柳宗悦が1931（昭和6）年に記した著書『日田の皿山』の中で「世界一の民陶」と賞讃し、1954（昭和29）年にはバーナード・リーチが3週間ほど滞在した。小鹿田の陶工たちは、リーチからピッチャーのハンドル付けなどを学ぶ一方、リーチにとっても、学ぶことの多い滞在だったようだ。このときのリーチの身のまわりの世話をしたのが、かつての名陶工の坂本茂木さん。陶技だけでなく、陶業を生業にするための心構えなども学んだ。

柳の著書のタイトルにもある「皿山」は皿がつくられる場所という意味ではなく、九州の北部では一般的にやきものの里のことをそう呼ぶ。柳が最初に訪れた1931年は、半農半陶の暮らしが営まれており、それは民陶ブームが始まる昭和40年代まで続いた。

名陶工坂本茂木とともにあった小鹿田焼のうつわづくり

小鹿田焼で皿がつくられるようになったのもちょうど民陶ブームの前後で、**古伊万里**などを参考に見よう見真似で始めた。その中心が坂本茂木さんであった。最初は模倣から始めるが、完成したものは縁や高台、反りの具合などのかたちや技法、装飾などのすべての面において見本よりもすぐれ、茂木さんのオリジナルになっている。なおかつ、それはきちんと小鹿田焼の土質や製法を踏まえたものなのだ。だから、茂木さんがつくったものがそのまま、その後の小鹿田焼のうつわの原型となったといっても過言ではない。小鹿田焼の歴史は300年といわれるが、そのほとんどは農業用などの大物の容器がつくられていたわけで、本格的にうつわづくりがおこなわれるようになってからは、まだ半世紀ほど。それをリ

古伊万里→72頁

技を見る

小鹿田のうつわを彩る定番技法いろいろ

飛び鉋

ろくろを回転させながら、かたづくりを終えたうつわにL字型の金具を当てて表面に刻みを入れていく技法。

指描き

かたづくりを終えて化粧掛けしたうつわに、化粧土が乾ききらないうちに指先で曲線を描いていく技法。

打ち刷毛目

ろくろを回転させながら、かたづくりを終えたうつわに化粧土を塗布した刷毛を打ちつけていく技法。

小鹿田の代名詞的技法、飛び鉋。

櫛描き

かたづくりを終えて化粧掛けしたうつわに、化粧土が乾ききらないうちに櫛状の道具で波型の模様をつけていく技法。

流し掛け

スポイトなどに入れた化粧土や釉薬を、一定の高さから垂らすように掛けていく技法。

打ち掛け

ひしゃくにくんだ化粧土や釉薬を、水をまくように勢いよく打ち掛けていく技法。

ードしたのが、坂本茂木なのである。

茂木さんが**日本民藝館展**の最高賞を受賞した際に、館長の**柳宗理**の代わりに賞状を渡すことになった鈴木繁男は、後日久野さんにこう言ったという。

「茂木さんは並のつくり手ではなく、小鹿田がいまも健やかな仕事ができていることは、この人抜きには語れない。そんな人に賞状を自分から渡すことができて光栄だ。作品を評価して賞状を与えるどころか、彼の仕事に深く感謝をして、こちらから頭を下げないといけないのだ」。

70歳を過ぎ、多少衰えたとはいえ、まだまだろくろを挽くことができたにもかかわらず、孫の創さんが息子の工さんの後継者として窯に入ったために、茂木さんはろくろ台を去らなければならなくなった。土の量に限りがあり、それが10軒の窯元に均等に配分される小鹿田焼ではひとつの窯元にろくろは2台と決められている。小鹿田焼以外なら、陶工を続けられたはずなのだが、これもまた皿山の掟なのだ。

兄弟窯の類似点と相違点

山をひとつ隔てた福岡県側の県境に

日本民藝館展
日本民藝館運営委員会が組織・運営する新作工芸の公募展。出品される工芸品には「用に即し、繰り返しつくり得る製品」であることが求められる。毎年年末には日本民藝館で入選・準入選による展覧会がおこなわれ、陳列品は購入することもできる。

柳宗理→52頁

集落で唯一の食堂「山のそば茶屋」の鹿肉料理。もちろん小鹿田のうつわに盛って。

左が引退した名陶工の坂本茂木さん、右が盟友の柳瀬朝夫さん。

小鹿田焼の女性はとにかくよく働く。

ある小石原焼と、小鹿田焼は兄弟窯だ。そのため、双方はやきものの種類はもとより、透明釉（フラシ釉とも呼ぶ）、飴釉、青地釉（緑釉）などの釉薬、刷毛目、指描き、櫛描き、流し掛けなどの装飾技法もよく似ている。ただ、じっくりと見くらべると、その相違点が見えてくる。

代表的な技法に、生乾きの生地に鉋を当てて細かく紋様を刻む「飛び鉋」がある。この紋様は、白化粧との対比であらわれるのだが、小鹿田の土のほうが黒みがちなため、白と黒がより際立つ。さらに、小鹿田の土のほうがかたく、鉋が鋭角に入る。つまり、その土質ゆえに、こと飛び鉋に関しては小鹿田焼のうつわのほうがより映える。

あたりまえだが、陶器は土から生まれる。その土に見合ったうつわ、技法、釉薬を選ぶことが、うつわづくりの基本なのだ。

《訪ねた窯元》

小鹿田焼同業組合
大分県日田市の山中、福岡県との県境に位置する小鹿田皿山では、10軒の窯元が昔と変わらないやり方で、素朴な日用雑器をつくり続けている。
大分県日田市源栄町皿山

見て学ぶ

山間の集落で10軒の窯元が守り続ける濁りのない〝健康の美〟

二彩流4寸深茶碗（φ12×H7.5cm）2100円　飴と青のラインがモダンなデザインに。

抜き飛び鉋大飯碗（φ14×6.5cm）1575円　飛び鉋をあえてランダムに入れた新たな試み。

青流2合徳利（φ13.5×H7cm）2310円　粗野な仕事が面白さを生むなすび型徳利。

リーチ型ピッチャー（φ23×H18cm）7350円　リーチスタイルのつくりよく、軽い水差し。

青土瓶（φ11.5×H11.5cm）7350円　土瓶には家ごとに伝統形があり、ソロバン型は坂本家。

尺飛び鉋深皿（φ31×H7.5cm）8400円　密に深く刻まれた飛び鉋が小鹿田ならでは。

【小鹿田焼10軒の窯元を歩く】

坂本義孝窯

先々代がいったん陶業からはなれたが、義孝さんの代で再興し、親戚にあたる黒木利保のもとで修業。利保が信楽焼で陶技を学んでいるため、義孝さんもその影響を受け、蹴ろくろは時計まわりで、つくりが厚手なのが特徴。長男の庸一さんが後継者。

坂本正美窯

先代の晴蔵は、戦後小鹿田焼同業組合ができた際に初代組合長を務めるなど、小鹿田焼の広報的役割を果たす。柳宗悦、濱田庄司、バーナード・リーチらを迎えたのも晴蔵だった。正美さんは、伊勢・神楽の窯の奥田康博のもとで修業。長男の健一郎さんとともに作陶に励む。

黒木孝子窯

長男の隆さんが若くして亡くなったために、現在は父の力さんがろくろをまわしている。後継者の目処が立っておらず、先行きが不安な窯である。初代の浜吉は、小鹿田焼の代名詞である「飛び鉋」や「打ち刷毛目」をもたらした人物といわれる。力さんは小鹿田きっての職人的陶工として知られている。

黒木史人窯

黒木家の本家。先代の才人が早くに亡くなったため、長男の史人さんが若くして窯主に。才人は受けた注文をすばやくこなすきわめて職人的なつくり手として知られた。

柳瀬晴夫窯

柳瀬の本家として小石原の柳瀬家とも深いかかわりを持つ。先代の満三郎はうすづくりで、花瓶や袋物などを得意とし、その窯の伝統は当主の晴夫さん、後継者の元壽さんにも受け継がれている。

黒木富雄窯

共同窯のとなりにある窯元。信楽焼で修業した義父の利保は大物の甕や壷が得意だった。本州の窯場はろくろが時計まわりのため当主の富雄さん、後継者の昌伸さんも同様。昌伸さんは皿山ではめずらしい大学の理学部出身。現代の暮らしに合った新作民藝に積極的に取り組んでいる。

柳瀬朝夫窯

朝夫さんの父の金吾は手が不自由でロクロが挽けなかったため、祖父の熊蔵から陶技を学ぶ。仕事熱心で訓練度が高く、70歳を前にしても小鹿田焼の本流である大物づくりを苦にしない。小鹿田焼が持つ素朴さをもっとも体現できるつくり手。婿養子の裕之さんが後継者に迎えられた。

坂本工窯

当主・工さんの父は小鹿田焼の名陶工で知られる茂木さん。卓越した技術と、芸術的なセンスをあわせ持ち、小鹿田焼の礎を築いた人物でもある。工さんは黒木才人のもとで修業。後継者の創さんは鳥取の岩井窯での修業を経て戻ってきたばかり。

坂本浩二窯

浩二さんの祖父の甚市、父の一雄さん、そして父の後を継いだ浩二さんと、代々腕のいい家系である。浩二さんは25歳のときに日本民藝館賞を受賞するなど、まだ40代ながら日本最高の陶工のひとりに数えられる。小鹿田焼の伝統の大物づくりの継承者である。

小袋定雄窯

もともとは黒木系であったが、3代目が自姓を名乗って以来小袋姓に。先代の遊喜は大物づくりで名を馳せた。残りの9軒から少し離れていることもあり、当主の定雄さん、後継者の道明さんとともに、マイペースで仕事をおこなっている。

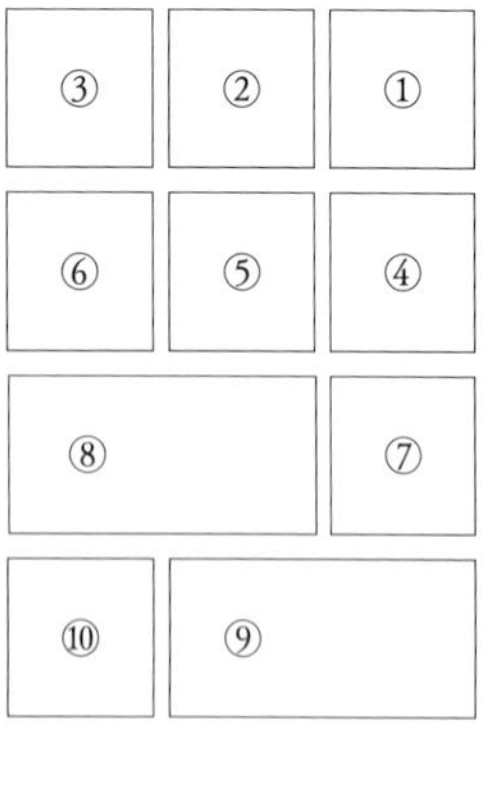

(左ページ)
①坂本義孝窯　義孝さん、庸一さん　②坂本正美窯　正美さん、健一郎さん　③黒木孝子窯　力さん　④黒木史人窯　史人さん　⑤柳瀬晴夫窯　晴夫さん、元壽さん　⑥黒木富雄窯　富雄さん、昌伸さん　⑦柳瀬朝夫窯　朝夫さん　⑧坂本工窯　工さん、創さん　⑨坂本浩二窯　浩二さん、一雄さん　⑩小袋定雄窯　道明さん

04

小石原焼

民藝に見出され
ともに発展を遂げた
山間の民陶の里

福岡県朝倉郡東峰村

小石原焼の伝統の技法「打ち刷毛目」。

民陶ブームに湧いた 小石原焼の光と影

　江戸時代初期に朝鮮系の技術が導入されて以来、さかんになったといわれる小石原《こいしわら》焼。兄弟窯である大分の**小鹿田焼**とも共通する飛び鉋、刷毛目、櫛描き、指描き、打ち掛けなどの技法で知られる九州を代表する民陶だ。

　かつては周辺の農家のために、大きな壺や甕、鉢などが焼かれていたが、近年においては、一般家庭向けのうつわが主流となっている。小石原焼の戦後の歴史をたどることで、昭和の民藝の変遷が見えてくる。

　小石原は、修験道の山である英彦山《ひこさん》の西に位置することから、英彦山を詣でる行者など、元来人の往来が絶えない土地であったが、街道に面し交通のアクセスもよかったことから、昭和30年代以降の陶芸ブームをきっかけに、さらに多くの人が訪れるようになった。

　各窯元は競うように自らが営業に出かけるようになり、作陶に時間を割けなくなったため、窯元を継ぐ権利のない次男、三男を職人として訓練したり、小鹿田や**唐津**、島根の**石見**などから**まわり職人**を雇ったりするようになっていった。それにともない、戦前は9つの窯元でふたつの共同窯を所有し、細々と作陶をおこなっていた窯元の数は、現在では50軒を超えるまでになった。山の谷間にあり、自分では売りに行くことができず、商人が街からやってくるのを待つしかなかった小鹿田焼とは、ずいぶん対照的だ。だが、その小石原焼の繁栄は長くは続かなかった。

　窯元がつねに外の世界を意識していたために、どういうものが売れるのか、いかに高く売れるのか、有名になるにはどうすればいいのか、といった思考が陶工たちの間に生まれ、それはその後継者たちにも影響した。現状では、小石原の本質である民窯の姿勢を忘れ、作家的な活動に走るつくり手も増えている。そのような状況において、いまも愚直なまでに職人に徹しているのが、太田哲三さんだ。

太田哲三さんの山道徳利。山道のラインは釉薬をスポイトに入れて絞り出す"イッチン"という技法で描かれている。

民陶・小石原焼の歴史を つなぐつくり手

　太田さんの父親は、名工として全国にその名を轟かせた**太田熊雄**だ。バーナード・リーチの教えを受け、濱田庄司を尊敬し、リーチ型、濱田型のピッ

小鹿田焼→54頁
唐津焼→70頁
石見焼→74頁

まわり職人
自分の窯を持たず、各地の窯場や地域の窯元をまわりながら仕事をした陶工。

太田熊雄
おおた・くまお。小石原焼の窯元の三男として生まれ、陶工に。小石原を訪れた柳宗悦との出会いを経て、1958（昭和33）年にはベルギーで開催された万国博覧会で最高賞グランプリを獲得。太田熊雄窯を開窯し、小石原を代表する陶工として活躍した。1995（平成4）年没。太田熊雄窯は現在、長男の孝宏さんが引き継いでいる。

技を見る

同じ作業のくり返しが培った太田哲三さんの美しい指描き・櫛描き

ろくろで皿を成形。同じ大きさ、かたちがすばやくつくられる。

木綿で表面をならし、素地をととのえる。

成形が終わった皿にはまず刷毛で全面に釉薬が施される。

櫛描きの作業。使用する道具はタイヤのゴムを利用したオリジナル。

焼き上がった櫛描き皿。白、コバルト、黄釉は太田哲三窯の定番色。

指描きの作業。伸びやかなラインがよどみなく描かれていく。

焼き上がった指描き皿。こちらも色は定番の3種類。

チャーを得意とするなど、卓越した技術を持っていた熊雄は、まわり職人であったにもかかわらず、戦前の9軒以外に窯元の権利を許されなかった小石原焼において、はじめて個人窯を開いた人物でもある。

　その太田熊雄窯は兄の孝宏さんが継ぎ、分家が許された哲三さんは1975（昭和50）年に太田哲三窯を開窯。父の指導のもと、修業時代から多くの**数物**をつくり続けてきた技術は、現代の小石原焼を代表するものとなっている。

訓練度の高さの証 イッチンの山道徳利

　その訓練度の高さを証明する一品に、イッチンの技法で山の上に位置する小石原に至るまでのつづらおりの道を描いた「山道徳利」がある。湾曲した面に、道が途切れないように、素早く描くのにはかなりの修練が必要となるのだが、みるみるうちにスポイトに入った白釉により道はつながっていく。修業時代からつねに父のかたわらで、その様子を観察し続けて来た賜物といえるだろう。

数物→40頁

櫛描きで縁の多重線と花のような文様を描いた平皿。

太田哲三さんの息子で後継者の太田圭さん。

太田哲三さん。

小石原焼はその地理的な関係や歴史の成り立ちから、どうしても兄弟窯の小鹿田焼と比較されることが多いが、昔ながらの原料、製法をかたくなに守り続けている小鹿田焼に対し、デザイナーや著名人との安易なコラボレーションなどにより、小石原焼の伝統を放棄してしまっているかのように思える窯も少なくない。

そうした流れとは一線を画した仕事を続ける太田さんのもとでは、長男の圭さんが父のとなりでろくろをまわす。彼が祖父、父から受け継いだ民陶・小石原の伝統を確実に次の世代へつなぐ存在になってくれることを願わずにいられない。

《訪ねた窯元》

太田哲三窯（おおたてつぞうがま）
太田哲三さんは有田工業高等学校窯業科を卒業後、父熊雄に師事。1975年に分家し、「太田哲三窯」を開窯。現在は長男の圭さんとともに作陶に励む。
福岡県朝倉郡東峰村大字小石原941
0946-74-2159

見て学ぶ

指描き、櫛描き、飛び鉋。どこか北欧の香りも漂う色と柄

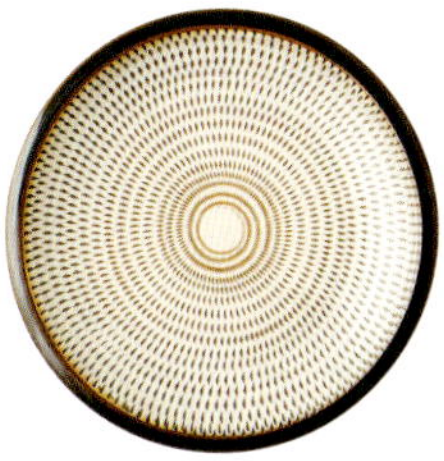
緑黒9寸飛び鉋皿（φ28cm）8400円　土のきめが粗い小石原の飛び鉋は、刻みの浅さが特徴。

5寸5分飴釉櫛描き皿（φ15.5cm）2100円　タイヤのゴムで紋を入れるアイデアに感服。

3寸指描き鉢（呉須釉・飴釉・白掛、φ9×H3cm）1050円　てらいのない素朴な描線が見事。

飴釉1合半山道徳利（φ6.5×H11.5cm）6720円　袋ものの名手太田さんならではのかたち。

指描汁碗（φ11.5×H7）2310円　ろくろに呼吸を合わせよどみなく走る指描き線に技が光る。

飴釉縁付7寸刷毛目平皿（φ21cm）3780円　放射状の刷毛目はろくろを回しながら入れる。

05

熊本県荒尾市

小代焼

火の力、釉薬の力
自然の力が生み出す
規格外のうつわ

小代焼らしい自由奔放な流し掛けが魅力の煮しめ鉢。

茶陶、民陶を魅了した
小代焼特有の白濁した色合い

小代《しょうだい》焼の歴史は1632（寛永9）年、細川忠利が肥後に国替になった際、小岱《しょうだい》山麓において、朝鮮出兵で連れ帰った陶工にやきものをつくらせたことから始まる。当初は、大名向けの茶陶として栄えたという。

その後明治に入り一度は途絶えるが、昭和初期に再興を果たす。だが、茶陶だけでは生計が成り立たず、周辺の農家や漁師のための大物の容器類をつくるようになり、それは次第に、食器類、および焼酎と日本酒の両方をたしなむ土地柄ゆえの**雲助**などの制作へと転化されていった。現在、荒尾市、南関町を中心に窯元は12軒。その中でとくに民窯として作陶に励んでいるのが、ふもと窯と瑞穂窯だ。

小代焼の特徴は、日本民藝館の館長も務めた柳宗理が、「雪の降ったような美しい白」と称した釉薬にある。

小代焼の土は、およそ1300℃という高い温度で焼成する必要があるのだが、白化粧の場合、高温に耐えられずに消えてしまう。そのため小代焼では、通常の藁灰釉を掛けた上に、稲の実の外皮を使用した籾殻灰釉を掛けるという、釉薬の二重掛けをおこなう。そうすることで、後者の籾殻灰が溶けずに白がたっぷりと残り、小代焼特有の白濁した色合いが生まれるのである。

この釉薬の研究に情熱を注いだのが、ふもと窯の井上泰秋さんと瑞穂窯の初代窯主、故・**福田豊水**だ。このうち豊水のDNAを受け継いでいるのが、現在の窯主である娘のるいさんだ。

「父が遺した釉薬、とくに藁灰にはこだわりたい。最近は焼き方にもこだわり、コバルトではなく、藁灰で藍色を出せるようになりました」

この美しい青から瑞穂窯のやきものは「青小代」と称されることもあった。

いっぽう、井上さんの焼くうつわは、熊本国際民藝館の創始者、**外村吉之介**により「黄《きな》小代」と命名された。

ふもと窯ではかつて、灯油と薪を併用した窯で焼いており、窯の中の温度が高まると硫化水素が発生し、それが藁釉と融合することにより、黄色みがかった色となったのだ。だが、1976（昭和51）年に登り窯を築いてからは、もうこの色はほとんど出なくなってしまった。しかし井上さんはその色には執着せず、その後も本格的な現代小代焼の製作に力を注いでいる。

素朴で力強い
模様を生む流し掛け

かの濱田庄司も参考にしたといわれる釉薬の流し掛けの方法も、小代焼の大きな特徴だ。

二重掛けをおこなう小代焼では、藁灰を全体に掛けてから、さらに籾殻灰を全体に掛けてしまうと、重みがかかり過ぎて土がこわれるので、あえて模様のような掛け方をする。それが焼き上がると釉薬があばれたり、飛び散ったりすることも多い。そういう自由奔放さも大きな魅力なのだ。

ただ、それを井上さんは無造作にしているようでいて、じつは規則的にひしゃくを動かしコントロールしている。そうした部分に、職人としての日々の積み重ねを感じずにはいられない。

しかし、小代焼の本質は、また別のところにあるという。以下は、久野さんの師匠でもある鈴木繁男が以前ふもと窯に立ち寄った際、井上さんに対して戒めを込めて贈った言葉だ。

「小代焼なんて、こんなやさしい仕事はない。素人でもできる。だから、こ

雲助
雲助徳利（うんすけとっくり）とも。たっぷりした胴に細い首と注ぎ口がついた酒器の一種。焼酎用としておもに九州・山陽地方でつくられた。雲助（江戸時代に街道の宿場や渡し場で荷運びなどをした人足）が好んで用いたことからこの名がついたとも。

福田豊水
ふくだ・とよみず。元は福岡県大牟田市で飲食店や民藝店を営む実業家だったが、古小代の魅力に見せられ、1973（昭和48）年に独学で瑞穂窯を開窯。古小代の再現に取り組んだ。

外村吉之介
とのむら・きちのすけ（1898―1993）。滋賀県に生まれ、大学卒業後牧師の仕事をしながら民藝の調査・普及活動を続けた。後に倉敷民藝館、熊本国際民藝館を創設し、館長となる。著書『少年民藝館』（筑摩書房）など。

（上段右）ふもと窯の登り窯。（上段左上から）ふもと窯のうつわ。すべて糠釉の切立片口、深皿、土瓶。
（下段右上から）瑞穂窯のうつわ。こちらも糠釉の深鉢、片口、フリーカップ。（下段左）灯油と薪を併用する瑞穂窯の窯。窯詰めが終わったところ。

ふもと窯の井上尚之さん。

ふもと窯の井上泰秋さん。

瑞穂窯の福田るいさん。

れでうまくなったとか、これでよいとか、奢ってはいけない。これは君の力ではない。火の力、釉薬の力、自然の力だ。だが、それが怖い。そこに工藝の本質的な怖さがある。（中略）どれだけものが売れようが、骨格のある仕事だけはしなさい。基本形や造形というのが大事なのだ」

いまや小代焼のみならず、熊本の伝統工芸の第一人者となった井上さんは、自ら収集した古小代を一般に公開したり、外村吉之介の遺志を継ぎ、民藝館の館長を務め民藝の普及をはかったりと、一陶工の枠を越えた精力的な活動を展開している。

《訪ねた窯元》

瑞穂窯（みずほがま）
当主の福田るいさんは大学の芸術学部を卒業後、父・豊水のもとでの修業後、益子焼の島岡達三に師事。とくに父譲りの釉薬の研究に励んでいる。
熊本県荒尾市上平山914

ふもと窯（ふもとがま）
熊本を代表するつくり手の井上泰秋さん、スリップウエアを得意とする息子の尚之さんによる窯。登り窯による焼成にこだわっている。
熊本県荒尾市府本字古畑1728-1
0968-68-0456

見て学ぶ

同じ釉薬から生まれる多彩な色に材料を知り抜いた陶工の熟練を見る

糠釉6寸切立片口（φ17×H9cm）8820円　釉薬の美しさに加え、つくりのよさにも注目。

糠釉3合入壷（φ11×H12cm）3200円　焼成温度を上げるとこんなクリーム色に。

糠釉5寸5分煮〆皿（φ18×H4.5cm）2100円　やわらかな色は低温焼成によるもの。

糠釉7寸縁付皿（φ21.5×H4.5cm）3780円　釉薬の激しい変化が、小代焼最大の魅力。

糠釉6寸深鉢（φ18×H8.5cm）3150円　見込みに流れる白い釉薬が雪景色のよう。

糠釉5寸縁刷毛皿（φ16×H4.5cm）1995円　低温焼成の白に縁の刷毛目を加えたタイプ。

※すべてふもと窯

06

佐賀県唐津市

唐津焼

趣のある土味
茶陶の装飾技法を
日々の暮らしのうつわに

黒い鉄釉とブルーグレーの藁灰釉が美しいコントラストをつくる唐津皿。

茶陶と民陶
唐津焼のふたつのルーツ

文禄・慶長の役（1592―98年）の最前線であった唐津にて、役の後、朝鮮から連れてこられた陶工たちにより日用雑器が焼かれたのが、唐津焼の本格的な始まり。東日本のやきものを総称して「瀬戸物」、西日本のそれを「唐津物」と呼ぶことからも、大産地であったことがわかる。

一方、その役の際に、大名であり、高名な茶人でもあった**古田織部**が東松浦半島に陣屋を構えたということも関係しているのだろう。「一楽、二萩、三唐津」といわれるように、茶陶としても有名だ。現代においては、後者の茶陶としての伝統を受け継ぎ、作陶に励む者が多数を占めている。

民藝の大家も憧れた
ざっくりとした独特の風合い

唐津焼の最大の魅力に、「土質が唐津に似ているから、濱田庄司は益子に窯を求めた」ともいわれる、砂、鉄分を含んだ趣のある土味がある。また、茶器の元になった茶碗に見られる伝統のかたち、「高台の狭さ」と「高台から腰を持たせたふくらみ」も唐津焼ならでは。前者は初期伊万里にも見られることから、唐津では元々磁器も一緒に焼かれていたことが想定できる。

装飾技法としては、鉄絵で描く絵唐津、鉄釉と藁灰釉を掛けた朝鮮唐津、白化粧を施した粉引などがある。これらの茶陶に用いられる伝統を踏襲しながら、普段使いのうつわづくりを目指しているのが、東風窯の中村恵子さんだ。

中村さんが久野さんと取り組んだのが、唐津焼の最大の特徴である絵付けをやめ

古田織部
ふるた・おりべ（1533または34―1615）。安土桃山～江戸時代の美濃出身の茶人、武将。名は重然。千利休に茶を学んで利休七哲のひとりとなり、将軍や大名に茶の湯を伝授する。独特な「破調の美」の価値観を確立し、それにもとづく「織部好み」の茶器や建築、造園などが大流行した。やきものもそのひとつ。大坂夏の陣の際、豊臣氏と内通していた嫌疑をかけられ自害した。

丹波立杭焼→98頁

一の袋
斜面に築かれ、最下部の焚き口で薪などを燃やしていくつかの焼成室（これを房、袋と呼ぶ）に熱を送る登り窯の焼成室のうち、焚き口に続く第一焼成室のこと。炎にもっとも近いため、火力が安定せず、想定外の窯変が生まれやすい。

ること。絵を描かずに、縁を黒褐色の鉄釉で巻く、皮鯨と呼ばれる技法を用いることで、全体的にかたちが引き締まった。

それを登り窯の原形といわれ、**丹波立杭焼**にも見られる、竹を真っぷたつに割ったような直炎式の「割竹式登り窯」で焼く。温度の上がり下がりが激しく、4割がだめになることもあるそうだが、窯変により思わぬ名品とめぐりあうことも。とくに、もっとも火が安定しない**一の袋**は、中村さん自身も楽しみだそうだ。

《訪ねた窯元》

東風窯（とうふうがま）

当主の中村恵子さんは、唐津焼の伝統のかたち、装飾、割竹窯による焼成にこだわりながら、現代の暮らしに沿ううつわづくりに取り組んでいる。

佐賀県唐津市竹木場5189-1

見て学ぶ

唐津のルーツに立ち戻って 素朴に、美しく

皮鯨茶碗（φ 12.5 × H6.5cm）3780円　象牙色とのコントラストで皮鯨が一層際立った茶碗。

皮鯨そばちょこ（φ 8 × H6cm）1890円　皮鯨は古唐津によく見られる口縁に鉄釉を巻く装飾。

白掛（粉引）9寸唐津皿（φ 26.5 × H6cm）12600円　粉引は李朝からの流れをくむ装飾。

黒釉6寸深鉢（φ 15.5 × H8cm）6300円　真っ黒な「黒唐津」も古唐津からの伝統。

（上段右）東風窯の割竹式登り窯。（上段中）窯出し直前の窯の内部。焼成中に倒れてしまったものも見える。（上段左）うつわの成形につかうこて「牛ヘラ」。（2段目）同じ黒釉を掛けて焼いた2色の深鉢。窯の内部は場所により温度が違うため、置く場所により違う色に焼き上がる。（3段目）粉引の唐津皿の底側。腰のふくらみが唐津皿の特徴だ。（4段目）東風窯当主の中村恵子さん。

07

有田焼

佐賀県西松浦郡有田町

端麗な白磁から
華麗な色絵まで
その懐の深さが魅力

呉須で描かれたシンプルな格子模様が新鮮な飯椀。

日本の磁器の発祥
ヨーロッパに認められた美

17世紀初頭、豊臣秀吉の朝鮮出兵を機に連れられてきた朝鮮人陶工により、日本ではじめて磁器が焼かれたのが、佐賀県有田町。有田焼、あるいは製品が伊万里港から出荷されたことから、伊万里焼とも呼ばれる。**柿右衛門様式**、**古伊万里様式**、**色鍋島**に代表される多彩な技法や色絵が有名で、ドイツのマイセンなどにも影響を与えたといわれている。

現在の有田は、それらの伝統を継承する者、作家、メーカー、商社などが乱立しているような状況だ。それらに対し、久野さんが民藝の道に入った当初から付き合いのある大日窯は、有田で唯一といってもいい民藝的な精神を持ち続けている窯だ。

柿右衛門様式
ヨーロッパへの輸出拡大に伴い1670年頃（寛文年間）に確立し、その後古伊万里様式にとって代わられるまで流行した有田の色絵磁器の装飾様式。乳白色の素地に余白を生かした花鳥図などの題材が描かれた。

古伊万里様式
染付の藍色の素地に金彩や多色の釉薬を用いて華やかな上絵付けを施した、初期伊万里焼の様式。元禄～享保期にヨーロッパへ大量に輸出された。

色鍋島
佐賀鍋島藩の御用窯でつくられた色絵、染付などを特徴とする「鍋島様式」の磁器のうち、とくにすぐれたものが色鍋島と呼ばれた。

くらわんか手
くらわんか碗スタイルのうつわ。くらわんか碗については52頁参照。

砥部焼→94頁

お手本は「くらわんか手」

初代の久保英雄（蕉破）さん、先代の徹さん、そして現在の窯主である博志さんがともに目指してきたのが、古伊万里の再興だ。その中でも、江戸時代に淀川を行き来する船で使われた庶民用の雑器「くらわんか手」の復刻に取り組んだ。陶土はあえて「エリ下」と呼ばれる最低の土を用いることにした。粗末な土だが、焼くと鉄分が出てそれが味となり、またかたく割れにくいなど、安価で丈夫な雑器には申し分なかったのだ。

磁器といえば、絵付けに注目が集まるが、昔はひとりで絵付けをすることはなく、線を引く人、枝だけ描く人といったように、分業でおこなうのが常識だった。それがすばらしい製品を生む理由でもあったのだが、現在はひとりの職人がすべての絵付けを担当する。そこで、同じ磁器の窯場である愛媛の砥部で制作指導をおこなっていた、鈴木繁男に助言を求めた。

「絵付けをするのであれば、最小限の絵付けをしなさい。できるだけ幾何学紋様、線紋様でまとめあげなさい」

その後格子紋様、縦の線描き紋様、あるいは白だけといった、久野さんのプロデュースによる大日窯のシリーズが誕生した。どれも使い勝手が良く、シンプルで飽きのこないものばかりだ。

《訪ねた窯元》

大日窯（だいにちがま）
1958年開窯。現在、3代目の久保博志さんを中心に、古伊万里をベースとした素朴でシンプルな絵付けのうつわをつくり続けている。
佐賀県西松浦郡有田町中部甲1300-1
0955-42-2416

（上）成形したうつわをろくろの上に伏せ、まわしながら独楽紋を描く。（中上）仕上げに高台裏に窯印を入れる。（中下）絵付けが終わったうつわ。高台裏に小さく見える窯印は鈴木繁男の意匠で、久野さんプロデュースのうつわに入る。（下）大日窯外観。

見て学ぶ

出過ぎず、ひかえめに。手慣れた仕事の美しさ

白磁そばちょこ（φ7.5×H6.5cm）1470円　あえて絵付けをやめて生まれた新たな魅力。

独楽紋飯茶碗（φ11×H6.5cm）1575円　高台にまで入った紋が真面目な仕事の証。

縁呉須巻7寸深皿（φ21×H5cm）3360円　定番柄の独楽紋で縁を彩った洋食にも合う皿。

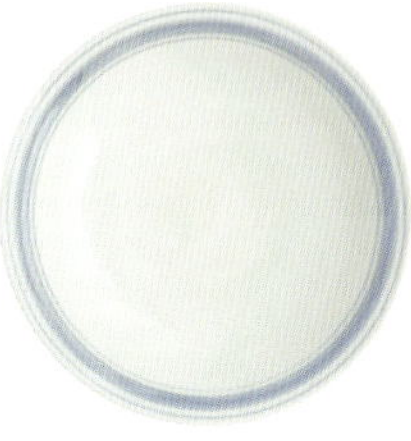

線描き7寸皿（φ20.5cm）2520円　シンプルゆえに和洋問わず、毎日使える万能皿。

08

石見焼 温泉津焼

磁器のような陶土から生まれる粗陶器から洋食器まで

島根県江津市・大田市

大物陶器で名を馳せた、石見焼伝統の水甕。

（上段右）石見伝統のはんどうを成形する石州宮内窯当主・宮内謙一さん。（上段中）宮内さんの後継者、息子の孝史さん。（上段左）工房内で乾燥中のはんどうと皿。（下段）宮内窯の目片口。目片口とは注ぎ口のついたすり鉢のことで、石見地方特有のかたち。

磁器のような陶土から生まれた
屋外の粗陶器から瓦まで

石見《いわみ》焼・石州宮内窯の工房に入り、まず目にしたのが、ろくろの上に置かれたつくりかけの大きな甕だった。まもなく80歳を迎える宮内さんは、いまでも2石（約360ℓ）くらいまでならつくれると、力強く話してくれた。

石見地方で本格的に陶器の生産が始まったのは、18世紀後半。とくに、「はんどう」と呼ばれる切立の水甕が有名で、全国に出荷されていった。その理由として、地元で大量に土を採取できるために価格を抑えられたこと、土が水甕などの容器に向いていたことが挙げられる。その土質はかたく緻密で割れにくく、焼き上がると磁器に近い状態になり、水漏れもしない。

この地方の家並みに**赤瓦**が目立つことからもわかるように、かつては瓦を焼く窯も多かった。瓦の焼成の際には、県内の来待《きまち》町で採取された来待石からできた**来待釉**を施釉し、1300℃という高温で焼成する。来待釉は鉄分を多く含むため、高温で焼くと表面が赤くなる。また、高温度で溶けた釉薬が、焼成後は防水の役割も果たすのだ。

さらに、塩や酸にも強いので、水甕や瓦だけでなく、漬物などの貯蔵用の容器にも向いていた。だが、昭和30年代以降、プラスチック製品の台頭、上下水道の完備などにより、生活の中で水甕などが必要とされる場面は少なくなり、需要も減少していった。柳宗悦の著書『手仕事の日本』の中で、「荒くして強く、力を感じます」と描写された石見焼の伝統品は消えようとしていた。石見焼の窯元も、宮内さんの兄が運営し、自らも働いた石州嶋田窯など、数えるほどになってしまった。

民陶ブームの到来と
石見焼の迷走

大物が売れなくなる一方、時代的に

赤瓦
島根県石見地方は高い強度を持つ石州瓦の産地として、現在も三州、淡路とともに日本三大瓦産地のひとつに数えられる。石州瓦は表面に来待釉を施した赤い色が特徴。

来待釉
東部出雲地方で産出する擬灰質砂岩の来待石を原料とする釉薬。赤い色と耐火度の高さが特徴。ただし石灰が多く配合されると、布志名焼の湯町窯で特徴的に用いられる黄色の釉薬になる。来待町は世界有数の来待石の埋蔵量を誇る。来待石は古くから石棺、石仏、石臼などに広く使われており、江戸時代には出雲石灯篭の材料としても全国に知られた。

焼成前の嶋田窯の窯内部。

小さく改良された嶋田窯の登り窯。

大きな甕を成形する石州嶋田窯当主・嶋田孝之さん。

は民藝がさかんになっていった。石見焼でも県内の各民窯から学び、食器類をつくり始めた。高度経済成長の波に乗りある程度は売れたが、長くは続かなかった。石見焼でおもに使われる来待釉は、防水性が高いという性質上、瓦や水甕などには最適であったものの、白っぽい土に掛けてもどこか寒々しく、食卓のうつわには適さなかったのだ。

そこで、大物づくりの経験を活かした傘立てや睡蓮鉢に取り組み始めた。ただ、採算がとれないために、窯を焚くのに多額の費用がかかる登り窯ではなく、当時普及し始めていた**ガス窯**を導入した。さらに仕事が激減していた石見では、宮内さんが**小石原焼**でまわり職人として働いたように、他の窯場に仕事を求める者が少なくなく、そこで学んだ刷毛目や飛び鉋などの装飾が施されることもあった。一時は安価であることも手伝い東京の民藝店などからの注文が増えたが、その引き換えに石見焼らしさが希薄になってしまった。

石見から消えつつある登り窯の復活に取り組んでいるのが、石州嶋田窯の嶋田孝之さんだ。広々とした工房がかつて多くの職人を抱えていた名残を感じさせるが、現在は息子の健太郎さん

塩や酸に強い石見の土質を生かした食品保存用の甕。

嶋田窯の広々とした工房。いまは父子ふたりで使う。

嶋田さんとともにろくろをまわす息子の健太郎さん。

ガス窯
ガスを燃料とする窯。設置・維持が簡単で燃料費も安いことから戦後全国各地の陶磁器産地に急速に普及した。焼成むらがないのが特徴で安定した焼き上がりが得られるが、登り窯特有の味わい深い窯変は生まれにくい。現在多くの産地ではガス窯、灯油窯、電気窯などが主流となっている。

小石原焼→62頁

正確、ていねいな森山さんのハンドル付け。

線の上下に木の葉のような紋様が描き足されていく。

イッチンでコーヒーカップに線を描く森山雅夫さん。

とふたりでろくろをまわしている。石見焼の衰退とともに、嶋田さんも他の窯と同様にガス窯への転換を図ったのだが、一念発起して、薪などの燃料費がかからないように、登り窯を小さく改良した。古き良き時代の石見焼の再現はなるのか、今後が楽しみだ。

河井寛次郎の最晩年の愛弟子
森山雅夫さんの技術

宮内窯、嶋田窯を後にして、次に目指すは、温泉津《ゆのつ》焼の森山窯。温泉津焼といっても、使用する陶土は石見地方のものであるため、広義では石見焼に含めてもいいだろう。だが、森山窯の森山雅夫さんがつくるうつわは、石見焼とは異なる趣を持っている。

森山さんは中学を卒業後、地元大田市の職業補導所陶磁器科に入る。同期には、**出西窯**の**陰山善市**さんや、磁器で有名な**石飛勝久**さんらがいた。当時、島根県出身の河井寛次郎は県内の職業補導所などをまわり、有望な若者を自身の拠点の京都へ連れて行っていたのだが、そのひとりが森山さんだった。

16歳からの6年間、多感な思春期を河井の直系の弟子として過ごした森山

カップと同じ装飾が施されたポット。

森山窯外観。

イッチン、ハンドル付けが終わったカップ。

出西窯→80頁
陰山善市さん→81頁

石飛勝久さん
京都で河井寛次郎の最初の弟子だった陶芸家・上田恒次に師事。磁器づくりを学んだ後、1985（昭和60）年、郷里に戻り島根県三刀町で開窯。白磁工房を主宰し、白磁のうつわの制作をおこなっている。

（右）ピューターの皿を見本にしてつくられた、森山窯の洋皿。ピューター（錫の合金）の皿は、イギリスで陶器が使用されるようになる以前に使用されていた。
（左）呉須釉のコーヒーカップセット。森山窯の定番商品。

さんは、仕事はもちろん、人間的にも教育された。「いいつくり手になるな、立派な人間になれ」との河井からの言葉は森山さんの座右の銘であり、まさにその言葉のままの実直な人だ。

その森山さんに、コーヒーカップへのイッチンと、ハンドル付けを見せてもらった。イッチンは河井が得意とした技法であり、ハンドル付けは出西窯の**多々納弘光さん**から教わり、自分流にアレンジしたそうだ。その流れるような動作は、じつに正確でていねい。**小鹿田焼**の若き名工の坂本浩二さんら同業者の若者たちから尊敬を受けるのも納得の腕前だ。

もうひとつ、森山窯の特徴が釉薬だ。釉薬についても、その研究者としても有名であった河井寛次郎の影響が大きい。とくに石灰釉に呉須を含ませたやや黒っぽい色の「呉須釉」と、2、3度、刷毛で呉須を塗った上に石灰釉を掛けて、鮮やかな藍色を生む「塗り呉須（瑠璃釉）」の2種類の青の使い分けが見事だ。

かつて、いち早く森山さんの腕を見込んだ久野さんは、骨董商の**坂田和實**さんから借りたピューターの皿を見本に、洋皿をつくることを提案した。陶

多々納弘光さん→81頁

小鹿田焼→54頁

坂田和實さん
さかた・かずみ。現在は東京都新宿区にある「古道具坂田」主人。大学卒業後商社勤務を経て古道具屋を開業。1994年には千葉県に世界各地で集めた工芸品を展示する美術館「as it is」を開館。

器でフラットな皿をつくるのは相当な技術が必要なのだが、完成したイギリスのストーンウエアを思わせるコバルトが美しい皿は、久野さんの師匠の鈴木繁男をうならせる仕事となった。

　じつは森山さんの奥さんは、これまた河井が得意とした型の仕事を手がけている。まさに、森山さんの陶芸家人生は、河井寛次郎とともにあったといっても過言ではないだろう。

《訪ねた窯元》

石見焼・石州宮内窯（せきしゅうみやうちがま）
当主の宮内謙一さんは、兄の窯である石州嶋田窯、小石原焼での修業を経て開窯。石見焼随一の大物づくりの名手として知られる。
島根県江津市二宮町神主2211-3

石見焼・石州嶋田窯（せきしゅうしまだがま）
1935年、初代の嶋田寛一により開窯。3代目の嶋田孝之さんは傘立てなどの大物を得意とする。昨年、登り窯を改修。
島根県江津市後地町1315
0855-55-1337

温泉津焼・森山窯（もりやまがま）
当主の森山雅夫さんは、島根県立職業補導所陶磁器科を卒業後、河井寛次郎、武内晴二郎に師事し、1971年に森山窯として独立。
島根県大田市温泉津町温泉津イ3-2

見て学ぶ

地域特有の伝統的なかたちと素材の強みを生かした新定番のかたち

黒釉青打掛火鉢（宮内窯、ϕ 40 × H34cm）25200円　伝統の大物づくりが得意な窯ならでは。

角皿（宮内窯、17cm角）2520円　フランスの皿をベースに木瓜（もっこう）風味をプラス。

平皿（宮内窯、ϕ 24.5cm）2310円　現代の暮らしに合わせたスタッキングできる洋皿。

黒釉二彩打掛蓋付2升漬物甕（嶋田窯、ϕ 17 × H25cm）6800円　打掛が美しい石見伝統の保存容器。

黒釉緑青2尺平皿（宮内窯、ϕ 37cm）9450円　強い陶土と高い技術があるからつくれる大皿。

目片口（宮内窯、ϕ 18.5 × H8.5cm）2520円　すり鉢に注ぎ口がついた石見伝統のかたち。

土瓶（森山窯、ϕ 12.5 × H16cm）18900円　森山さんの師、河井寛次郎スタイルの土瓶。

鉄釉白輪抜7寸縁付皿（森山窯、ϕ 25.5cm）6300円　石見陶土の硬質な性質を生かした洋皿。

押紋8寸5分縁付皿（森山窯、ϕ 25.5 × H5.5cm）13650円　押紋を藁灰釉で隠す新しい試み。

09

島根県出雲市

民藝の理念のもと
いまの暮らしに寄り添う
うつわをつくる共同体

出西窯

いかにも出西窯らしい艶やかな飴色の平皿。

民藝関係者を惹きつけた5人の青年の思いから生まれた窯

5人の創立メンバーの次に窯に加入し、丸紋土瓶を生み出した陰山善市さん。

工房の扉を開けると、他所にはない活気が感じられた。たいていの窯では、ろくろをまわす者、釉薬を掛ける者といったように、各自が黙々と仕事をこなしている。だが、誤解を恐れずにいえば、ここには放課後のクラブ活動のような明るい雰囲気があるのだ。それには、他の窯とは異なる出西窯ならではのユニークな成り立ちが関係しているのかもしれない。

出西窯は1947（昭和22）年、地元の5人の若者が集まり、共同体的な窯として創業。**ウィリアム・モリス**の書に感銘を受け、柳宗悦の来訪をきっかけにますます手仕事および民藝に傾倒し、やがて新作民藝を手がけることに光を見出していく。

実際の指導にあたったのは、初期は河井寛次郎、濱田庄司、バーナード・リーチ、その後は鳥取の民藝運動家の**吉田璋也**や、松江の工芸家の金津滋、近年においては、鈴木繁男や久野さんがその役割を務めた。対する窯の窓口が、創業メンバーのひとりの多々納弘光さんだった。彼の人柄や人脈が多くの民藝関係者を引き寄せ、無名の出西窯を発展させていったといえる。自らも職人として、河井から型や釉薬を、リーチからはハンドル付けを学んだ。伝統がなかったぶん、指導を受け入れやすかったこともあるかもしれないが、このように多くの民藝の先達の支えを受けて出西窯は発展していった。

やがて出西窯は、皿、鉢を得意とする本多孝市さん、やきもののなかでも技術を要する急須やピッチャーなどの袋物を手がける陰山善市さんが加入し、7名体制に。多々納さんはハンドル付けや型を担当するなど、当初は分業制でおこなわれていた。

陰山さんが、那覇・**壷屋**の**金城次郎**のもとに滞在したときに学んだ「丸紋土瓶」は、出西窯を代表する製品であるばかりか、いつのまにか本家をしのぐほどに有名になり、いまもなお現役の陰山さんの手から生み出されている。ちなみに、濱田庄司は益子の山水土瓶や壷屋の丸紋を参考に、丸く釉薬を抜いたところに赤絵を施した窓絵という装飾を編み出した。

独自のスタイルを築き現代民窯を代表する存在へ

工房の中では、10名強の職人たちが

ウィリアム・モリス
うぃりあむ・もりす（1834—1896）。19世紀のイギリスで活躍し、「近代デザインの父」とも呼ばれる芸術家、思想家、詩人。産業の近代化が急速に進むなか、手仕事の復権と生活のなかの美の必要性を唱える「アーツ・アンド・クラフツ運動」の先駆者となった。

吉田璋也
よしだ・しょうや（1898—1972）。鳥取市の医師。民藝の理念に共鳴し、民藝運動に参加。山陰の民藝の牽引者として活躍した。1962（昭和37）年には鳥取民藝館を創設し、初代館長となった。

壷屋焼→37頁

金城次郎→37頁

現在の出西窯でうつわづくりに励む陶工たち。元々出西窯では分業制をとっていたが、
いまではひとりひとりが個別にうつわづくりの作業全般をおこなっている。

（右上）釉薬の溜まりの作用が美しい景色を醸す灰釉の縁付き皿。古くからつくられている。
（左上）バーナード・リーチの指導でつくられるようになったコーヒーカップと皿のセット。
（右下）陰山善市さんが壺屋焼の金城次郎のもとで学んだ「丸紋土瓶」。
（左下）呉須釉のコバルトブルーと飴釉の茶色。どちらも人気の定番色。

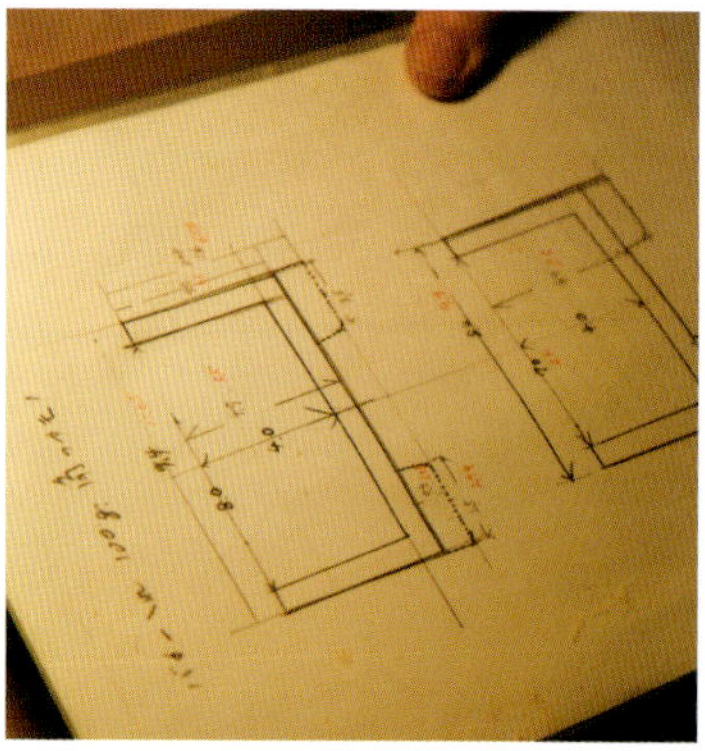

それぞれの仕事をこなしている。現在の出西窯では以前とは違い、基本的にひとりがろくろから釉薬掛けまでを一貫しておこなう。これは余談だが、出西窯を含め、取材で訪れた本州の窯場では多くが窓のほうを向いて作業をしているのに対し、九州の窯場では窓を背に、つまり来客のほうを向いて作業をおこなっていた。地域性というか、気質の差が垣間見えて興味深い。

工房の奥には1基の登り窯があり、灯油窯や電気窯を併用しながら現在も年に3、4回、窯焚きをおこなっている。工房のとなりには、展示販売場「くらしの陶・無自性館《むじしょうかん》」が建つなど、工房というよりも、企業と呼ぶほうがふさわしい規模だ。

無自性館には、皿、飯碗、湯呑み、

（右上）バターケースの石膏型をつくるための設計図。多々納さん自身が描いたもの。（右中）バターケースにナイフ用の溝をヘラでつくる。（右下）バターケースの完成品。（左）自宅工房で型物のバターケースづくりをする多々納弘光さん。

コーヒー碗などの定番品をはじめとする黒、白、飴、海鼠などの出西窯を特徴づける釉薬に彩られた多くのうつわが並ぶ。久野さんがプロデュースした、メキシコの皿からインスピレーションを受けたというフラットで分厚い「3・5寸皿」や、柳宗悦の長男であり、工業デザイナーとしても広く知られる柳宗理のディレクションによるモノトーンのうつわもある。丸紋土瓶のような伝統的なものはむしろ少数派で、現代の用にかなうシンプルでモダンなかたち、メリハリのきいた色のものが多い。これらが若い人たちを中心に評価され、いまや現代民窯の旗手的存在となった。

ただこの傾向に対して、久野さんが警鐘を鳴らす。

「近年、出西窯で人気のある製品の中には、現代の暮らしに合わせたために、手仕事のよさ、力強さがやや欠けた仕事も見える。現代に合わせること自体が悪いわけではない。大事なのは、つくるものに地域性を反映させているか、これまでの技をきちんと継承していけるものか、用のための造形をくみとっているか、ということ。この3点が、今後健全な民藝の仕事を継続させていくための指標になる」

出西窯を訪れた後、多々納さんのお宅を訪ねた。そこには、自宅のとなりに設けられた工房で型物のバターケースの制作に取り組む姿があった。バターナイフをさしこむ部分の形状について久野さんと意見を交わす、多々納さんの真剣な表情が印象的だった。出西窯を築き、その運営から退いたいまもなお、ひとりの陶工であり続けているのだ。

出西窯外観。

《訪ねた窯元》

出西窯（しゅっさいがま）
1947年、5人の仲間が協働し開窯。柳やバーナード・リーチなど、多くの民藝の先達に支えられ発展。共同体の形式で運営している。
島根県出雲市斐川町出西3368
0853-72-0239

見て学ぶ

黒・白・飴の釉からはじまった健康であたたかい暮らしのうつわたち

黒釉シェーカー鉢（ϕ 21 × H6.5cm）4410円　米国のシェーカー教徒の鉢をアレンジ。

飴釉線描7寸皿（ϕ 21.5 × H3cm）3780円　中央のリング状の紋は指の跡。手仕事の証だ。

縁付6寸呉須釉皿（ϕ 19 × H3.5cm）2415円　コバルトブルーは出西窯の代名詞的な色。

黒釉土瓶（ϕ 11.5 × H10cm）12600円　久野さんが陰山善市さんに頼んで生まれた理想形。

灰釉7寸正角鉢（22cm角）15750円　石膏型を押し当てる成形方法も定番スタイルのひとつ。

コーヒー碗（ϕ 8 × H7cm）2415円※皿付　定番のカップにかたちを引き立てる緑釉をプラス。

10

島根県松江市

リーチ直伝の装飾、技法から生まれる洋食器

布志名焼

湯町窯の代名詞的存在、エッグベーカー。卵を入れそのまま火にかけるとおいしい卵焼きができるすぐれもの。

出雲の窯を洋食器づくりへと導いたバーナード・リーチ

名湯として知られる玉造温泉の周辺に位置する布志名《ふじな》焼。始まりは江戸中期と歴史は古いが、脚光を浴び始めたのは昭和に入り、いち早く民藝運動に共鳴してからのことだ。柳宗悦をはじめ、河井寛次郎、濱田庄司、バーナード・リーチらが訪れたが、とりわけリーチからはおもに技法の面で大きな影響を受けている。

1953（昭和28）年、はじめて布志名焼を訪れたリーチは、**船木窯**の船木道忠宅に宿泊し、ピッチャーのつくり方やハンドルの付け方、スリップウエアなどを指導した。このときに、同じく布志名焼の湯町窯の福間琇士《ふくましゅうじ》さんの父貴士さんや、多々納弘光さんら**出西窯**のメンバーも参加し、技術を習得している。

リーチは翌年には大分の**小鹿田焼**を訪れているが、本国イギリスと似た土質と釉薬、低火度による焼成などの条件から、布志名焼のほうが指導しやすかったようだ。そのため、出雲の窯では洋食器の制作が普及していく。有名なエッグベーカーも、リーチの来訪を機に誕生したものだ。そのエッグベーカーの元祖、湯町窯を訪れた。

湯町窯を確立させた3代目福間琇士の仕事

JRの玉造温泉駅からほど近くにある湯町窯。工房と展示場がひとつながりになった来待瓦の屋根がひと際目立つ建物だ。湯町窯の開窯は1922（大正11）年。現在の福間琇士さんで3代目だ。

店内を覆いつくすのは、黄色と青色のうつわ。柳の著書『手仕事の日本』で、「出雲の産物で是非とも記さねばならないのはいわゆる『黄釉』の焼物であります」と謳われた、黄釉あるいはこの地方で**来待釉**（県内で採取できる来待石が原料）と呼ばれる釉薬が施されたうつわは、全国的にも知られた存在だ。もうひとつの青は海鼠釉。もともと布志名焼で使われていた色だが、久野さんが、海鼠のうつわを積極的に制作依頼したことも関係し、いまでは半々くらいの割合にまでなっている。

隣接する工房に場所を移す。もともと火鉢の制作から始まった窯だけに、内部は広々としている。ここで、実演をお願いした。

まず、**スリップウエア**。水に溶いたベンガラを化粧したばかりの、表面がまだやわらかい状態の小皿を、左手に持った次の瞬間、右手に持ったスポイトが動きいつのまにか完成。機械のような正確で無駄のない動きでありながら、白化粧で描かれた模様からは手仕事の跡が感じられる。これに黄釉を掛けて焼くと黄色に、藁灰を掛けて焼くと海鼠色になる。似た技法にイッチンがあるが、イッチンが乾いたところに模様をつけていくのに対し、スリップウエアは濡れた表面に滑る（つまりスリップ）ように模様を描き出すところに違いがある。

次に、リーチ伝授のハンドル付けを披露していただいた。最小限の動作で、次々とコーヒー碗が完成していく。先だって見学した**森山雅夫さん**のていねいなハンドル付けとはまた違う、手仕事による量産。これは、リーチから学んだ技法を自分流にアレンジした努力の賜物なのだ。

福間さんは陶技の基本を、父の代に働いていた職人たちから学んだという。つまり、目で盗んだ職人の動きが、体の中に備わっているのだ。

船木窯
1845年開窯の、布志名焼でも伝統ある窯元のひとつ。4代目・船木道忠（1900—63）が民藝の作家たちとの交流をきっかけに、布志名焼の再興に貢献。現在は6代目の船木伸児さんが、伝統をふまえながらも独自の表現を追求する陶芸家として活動している。

出西窯→80頁

小鹿田焼→54頁

来待釉→75頁

森山雅夫さん→77頁

スリップウエア
18世紀中頃から19世紀末にかけて、イギリスでつくられた日用陶器。クリーム状の化粧土（スリップ）で紋様を描き、ガレナ釉と呼ばれる鉛釉を掛け、低火度で焼く。その魅力が柳宗悦ら民藝運動の指導者たちに見出され、彼らが指導した日本の民窯にも技術が伝えられた。

技を見る

手仕事の味わいがありながら、正確無比
福間琇士さんの卓越した陶技

ハンドル付け

↓

↓

スリップウェア

↓

↓

↓

→

〈ハンドル付け〉
①ハンドル用の細長い素地をカップ側面につけ、まず上側をちょい、ちょい、となじませる。
②ハンドル全体のかたちのバランスもとりながら、下側もなじませる。
③最小限の動作で、どんどんコーヒー碗にハンドルがついていく。

〈スリップウエア〉
①まずは水に溶いたベンガラをひしゃくですくい、小皿全体に掛ける。
②③べんがらで濡れた表面にスポイトで模様を描く。模様が描かれるのは本当にあっという間。
④模様つけが終わった小皿。
⑤取材当日は作業した小皿と同じ配色、柄の完成品がなかったため④までのものとは異なる（黄と茶が逆の配色）が、スリップウエアは焼き上がるとこのような2色の模様になる。

展示場の２階には、バーナード・リーチの作品や棟方志功の写真が飾られていた。

工房と展示場を兼ねた湯町窯。石州瓦が目印。

湯町窯の定番色、青い海鼠釉のポット。

一方、福間さんは従業員を抱える窯元でもある。そのため、販売にも力点を置かねばならず、つねに世の流れに敏感で、世間で評判のもの、他の窯で人気のものを採り入れる貪欲さを兼ね備えている。これまでにつくっていなかったものをすぐにつくることができるのも、福間さんの技術があるからなせることなのだが……。

こうした動きから生まれたもののひとつが、久野さんとの共同開発によるハムエッグベーカー。湯町窯伝統のエッグベーカーをひとまわり大きくしたことで料理のバリエーションは増えた。また蓋の表面を円状にロウで抜くことで、焼成時には蓋を重ねて焼くことが可能となった。それが結果的にコストを下げることにつながり、そして、新たな模様をも生み出した。

《訪ねた窯元》

湯町窯（ゆまちがま）
1922年、布志名焼の窯元のひとつとして開窯。現在の窯主の福間琇士さんの父貴士さんの代から洋食器づくりがさかんに。とくにエッグベーカーが有名。
島根県松江市玉湯町湯町965
0852-62-0726

見て学ぶ

布志名伝統の黄釉、海鼠釉と民藝が出会って生まれた骨太なうつわたち

海鼠釉ミルク差し（φ 9.5 × H7cm）3360円　フランスの製品をもとにした直火OKの小鍋。

ハムエッグベーカー（φ 12.5 × H8cm、皿φ 18cm）6300円　人気のエッグベーカーの新展開。

白来待釉飯碗（φ 12 × H7cm）2310円　来待釉は島根県来待産の来待石でつくる釉薬。

6寸5分海鼠釉深皿（φ 19.5 × H4cm）4200円　昔の大きなこね鉢のかたちを生かして深皿に。

スリップ紋切立蓋物（φ 19.5 × H9cm）10500円　丹波の蓋物を参照した湯町窯の新スタイル。

黄釉ティーポット（φ 9.5 × H11cm）7800円　ハンドルや全体のかたちに骨格がある仕事。

11

鳥取県鳥取市

宗悦と宗理
民藝とデザインの
視点の違いを伝える

因州中井窯

左が牛ノ戸焼の伝統を引き継ぐ3色染め分け皿、右が柳宗理プロデュースの2色染め分け皿。

鳥取の民藝運動の指導者 吉田璋也の役割

デザインから民藝に関心を持った人たちにとって、もっとも親近感が湧く窯の筆頭が、緑、白、黒の3色の釉薬を特徴とする因州《いんしゅう》中井窯ではないだろうか。工業デザイナーの柳宗理がデザインした「染め分け皿」は、モダン民藝のアイコンといってもさしつかえないだろう。

因州中井窯について語る前に、まずは牛ノ戸《うしのと》焼について触れておかねばならない。牛ノ戸焼は1837（天保8）年、**石見焼**の産地である江津《ごうつ》から牛ノ戸（現在の鳥取市河原町）に移住してきた小林梅五郎により開かれた。2代目になり最盛期を迎えるが、4代目の秀晴の頃には、窯の経営が困難なほどになっていた。その窮状を救ったのが、柳宗悦の薫陶を受けて鳥取の民藝運動を推進していた医師の**吉田璋也**であった。

牛ノ戸焼に通い始めた吉田は、現代の暮らしに合ううつわをつくるように指示、1932（昭和7）年には、それらをすべて引きとって販売する「**鳥取たくみ工芸店**」を立ち上げる。さらに翌年には、東京・銀座に「たくみ」を開店し、牛ノ戸焼の流通は全国に広まっていった。

ちょうどその頃、中井という地域に住む坂本俊郎という人が、近くの牛ノ戸焼を訪ねては仕事を教わっていた。そして、そのまま自分の工房を構え、見よう見真似でやきものをつくり始めた。牛ノ戸焼の販売の拡大を考えていた吉田は、つくったものを鳥取たくみ工芸店で買いとることを条件に、生業として窯を築くことを進言した。

こうして1945（昭和20）年、現在の因州中井窯が開窯。48年には2代目の坂本實男さんが作陶の道へ入り、52年には、土味が若干違うものの、牛ノ戸焼と似たようなものをつくることから、「牛ノ戸焼脇窯」と名づけられた。

柳に深く傾倒していた吉田はやきものだけでなく、木工、紙、織物などにも積極的にかかわり、そうしたつくり手たちの話し合いの場として「鳥取民藝教団」を組織。さらに、勉強の場として「**鳥取民藝美術館**」、実際に使用する場として「**たくみ割烹店**」、そして先に述べた「鳥取たくみ工芸店」を創設。「見る、使う、食べる」の三位一体で鳥取の民藝運動を牽引した。

鳥取民藝の再興にともなう 因州中井窯の発展

日本随一の民藝運動推進地として名高かった鳥取も、1972（昭和47）年に強力な牽引者だった吉田が亡くなると、じょじょに歯車が狂っていった。

そして吉田の没後20年以上が経過した1995（平成7）年、鳥取民藝の新たな指導者として白羽の矢を立てられた久野さんが、鳥取民藝美術館、鳥取たくみ工芸店、たくみ割烹店の再建に取り組み始めた。

まずたくみ割烹店で使用されるうつわの見直しがおこなわれ、その制作のパートナーに因州中井窯が選ばれた。ここから両者の二人三脚が始まり、沖縄の漆器「タンクゥ盆」を陶器で再現したオードブル皿や、牛ノ戸焼の伝統の緑と黒ではない白と黒の染め分け皿など、数多くの新作品が送り出された。

こうして久野さんに育てられたといっても過言ではないのが、3代目の坂本章さんだ。久野さんが2カ月に1回のペースで現地を訪れ、技術指導を続けた結果、96年には日本民藝館展で奨励賞を受賞、その後民藝館賞、日本陶芸展部門最高賞など受賞歴が重なり、

石見焼→74頁

吉田璋也→81頁

鳥取たくみ工芸店
鳥取民藝美術館
たくみ割烹店
アイデアマン・吉田璋也の民藝プロデューサーとしての熱意と手腕を象徴する3施設。鳥取たくみ工芸店は日本初の民芸店でもある。吉田が北京料理をアレンジしてたくみ割烹店で提供した「牛肉のすすぎ鍋」は、しゃぶしゃぶの原型になったことで知られる。鳥取民藝美術館については152頁、鳥取たくみ工芸店については155頁参照。

たくみ
1933（昭和8）年、柳宗悦や民藝の作家たち、そして吉田璋也によって設立された民藝店。開店趣意書には画家の梅原龍三郎や作家の志賀直哉も名を連ねた。現在も国内外の民藝品や手仕事を紹介する民藝店として銀座で営業を続けている。155頁参照。

企画展 手仕事の現代
一日本民藝館展収集資料か
2011年6月7日~9月4日

作業場の様子。手前で作業をしているのが2代目の實男さん。

坂本さんに実演してもらった染め分けの作業。あらかじめ素地全体に白釉を掛けておき、甕の中の釉薬を念入りに攪拌（右ページ）。その後、ひしゃくで緑釉（右）、黒釉（左）を3分の1ずつ掛け分けていく。

いまや山陰を代表する陶工のひとりと呼ばれるまでになった。

苗代川焼の伝統を取り入れた柳ディレクションシリーズ

また冒頭でも述べたように、因州中井窯と切っても切れない関係にあるのが、柳宗理だ。久野さんが柳と坂本さんを引き合わせると、柳は2000（平成12）年に、牛ノ戸焼伝統の2色の染め分けと、鹿児島の苗代川焼の「伏せ合わせ」という緑の釉薬を抜く技法を組み合わせた染め分け皿をプロデュース。その知名度も手伝い、「柳ディレクション」のシリーズはよく売れた。

従来からの民藝ファンではない層にも、民藝の存在を知らしめたという意味において、因州中井窯の果たした役割は大きい。

《訪ねた窯元》

因州中井窯

1945年、初代坂本俊郎が個人窯を築く。96年、因州中井窯の名称に。現在は3代目の坂本章さんが当主。緑、白、黒の染め分け皿が人気。

鳥取県鳥取市河原町中井243-5

0858-85-0239

見て学ぶ

緑、黒、白。潔い仕事がモダンな染め分けのうつわたち

濱田型砂糖壷（ϕ 11.5 × H10.5 cm）6300円　濱田庄司考案のかたちを染め分けに。

染分急須（ϕ 10.5 × H10cm）9800円　中井窯らしい鮮やかな緑釉が洋風な印象を醸す急須。

五郎八茶碗（ϕ 10.5 × H8.5cm）4200円　ころりとしたフォルムが愛らしい牛ノ戸伝統の丸茶碗。

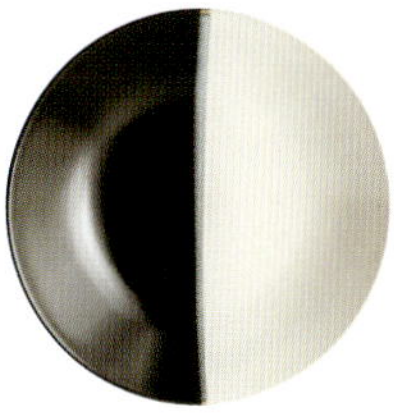

染分皿（ϕ 24cm）9500円　潔い色分けと2色が重なる境界部分の味わいが染め分けの妙味。

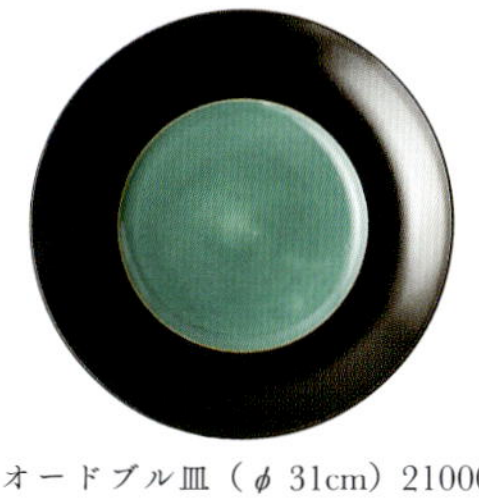

オードブル皿（ϕ 31cm）21000円　沖縄の漆盆を参照し、使いやすく縁を少しそらせた大皿。

ドゴン鉢（ϕ 24.5 × H7.5cm）12600円　西アフリカのドゴン族の鉢をアレンジした切立大鉢。

12

砥部焼

愛媛県伊予郡砥部町

砥石屑の再利用から
あたたかみを感じる
庶民のための磁器へ

鉄分を含ませた磁器に呉須で線紋様を描いたそばちょこ。

評価を高めた「くらわんか」そして砥部焼は海外へ

愛媛県の中央部に位置し、重信川《しげのぶ》を隔てて松山市の南に隣接している砥部《とべ》町は、その地名が示す通りの砥石、そして四国一のやきものの里として知られる。北部は砥部川沿いに盆地になっており、古くは6、7世紀頃から山裾の傾斜を利用して窯を築き、やきものが焼かれていたといわれている。それが磁器の焼成に転じたのは、18世紀後半のことだ。

広い高台と分厚く堅牢なつくりを特徴とする「くらわんか茶碗」。

磁器・砥部焼の誕生には、地元の山から産出される砥石「伊予砥《いよど》」が大きく関係している。江戸時代、伊予砥の生産がさかんにおこなわれていたが、地元では切り出す際に出る砥石のクズの処理に頭を悩ませていたという。そんな折、天草の砥石が磁器の原料となることを知った当時の大洲《おおず》藩主・加藤泰候《やすとき》の命により、1775（安永4）年、磁器の生産が始まった。

砥石クズから始まった砥部焼は、その後、川登《かわのぼり》陶石の発見や磁土の改良を重ね、当初の灰色からより白い磁器をつくりだすようになったが、他の産地の磁器のような純白を得ることはなかった。だが、それが砥部焼の個性となっていく。

まず、原料の再利用という経緯から、砥部焼は高級品ではなく、日用雑器を目指した。その結果のひとつが、揺れる船上で使われる「**くらわんか茶碗**」だ。持ちやすいように高台を広くとり、落としても割れないよう堅牢につくった茶碗が評判となった。

そして明治に入ると、淡黄色の磁器「淡黄磁」がシカゴ博覧会で一等賞を受賞するなどさらに名声を高め、明治から大正にかけて中国などの諸外国への輸出も本格化する。だが、その繁栄は長くは続かなかった。

砥部焼の指導に尽力した鈴木繁男が遺したもの

昭和に入ると、不況のあおりや、同じく磁器の産地である瀬戸などにくらべ、近代化の波に乗り遅れたことなどから、砥部焼の生産、販売は落ち込む。だが、逆に多くの手仕事が残っていることが功を奏した。1953（昭和28）年、柳宗悦、濱田庄司、バーナード・リーチらが砥部を訪れ、その手仕事の技術を高く評価したのだ。その後、砥部焼と民藝の関わりは深まり、普段使いのうつわとしての地位を確立していく。

砥部焼は鉄分を多く含む土のために、やや黄色みがかった白が特徴であり、また、土の性質上、分厚くひかないといけないために、かたちもぽってりとしている。その砥部焼らしさを生かし再興に取り組んだのが、柳宗悦に終生師事し、一番近くで民藝の薫陶を受けた鈴木繁男だった。

鈴木が指導した**梅野精陶所（梅山《ばいざん》窯《がま》）**は、1882年（明治15年）、梅野政五郎によって開かれた窯。当時か

くらわんか茶碗
江戸時代、大阪の淀川で「くらわんか」というかけ声とともに飲食物を売った「くらわんか舟」で使われたことに由来する碗。船上でも安定するよう高台が広くつくられ、全体に手荒い使用にも耐えるよう厚手で丈夫につくられているのが特徴。

梅野精陶所（梅山窯）
120年の歴史を持つ砥部焼最大の老舗窯元。隣接する「梅山古陶資料館」では鈴木繁男を中心に砥部焼の指導にあたった民藝の作家たちの作品や、柳宗悦の書なども展示されている。

技を見る

「鈴木繁男の面影を感じる」と久野さんがもらした中田さんの絵付け

①ろくろをまわしながら、太めの面相筆で高台脇に太いラインを入れる。
②細い面相筆に持ち替え、胴全体を区画する細いラインがするすると描かれていく。
③再び太めの筆に持ち替え、まずは区画ひとつおきに異なる紋様のポイント部分だけが先に描かれていく。
④全体のデザインのポイントともなる花の図案は、太めの筆だけで巧みに線の強弱をつけながら描かれる。
⑤絵付けが終了し、釉薬の乾燥を待つどんぶり。みるみる間にたくさんのどんぶりができあがっていく。

↓

↓

↓

→

ら砥部最大の窯で、多くの絵付け師を抱えていた。昭和40年代後半になり、民陶ブームが落ち着くと、安価なガス窯が一般に普及したこともあり、梅野精陶所からも多くの職人が独立していく。現在も、砥部焼伝統産業会館には、鈴木が意匠を手がけたうつわはもとより、鈴木の意匠を彷彿とさせる軽やかな線の幾何学、草花の紋様を見かける。

　その鈴木の教えを受けたひとりが、今回訪れた中田窯の中田正隆さんだ。梅野精陶所に勤務した経験もある中田さんは、鈴木から直接指導を受けることはなかったものの、話を聞きに頻繁に鈴木のもとに通ったそうだ。

　中田さんは、初期伊万里、古伊万里からもインスピレーションを受けるという。そこから編み出した紋様を、自身がこだわって配合した、あえて鉄分を含ませて黒い斑点を残した土に描いていく。

　鈴木を師匠とした久野さんが思わず、「鈴木先生の面影を感じる」と語った中田さんの絵付け。その全体的におさえられた線紋様から、あらためて鈴木繁男がこの地に遺したものの大きさを垣間見ることができた。

《訪ねた窯元》

中田窯（なかたがま）
代表の中田正隆さんは、梅野精陶所で職人として勤務後、1974年独立。あえて鉄分を含ませて黒の斑点を生かした磁土に描く染付、釉裏紅に特徴がある。
愛媛県伊予郡砥部町総津159-2

（左）中田窯。（中）工房に並ぶ絵付けの道具。（右）絵付けの少ない裏側を見ると土に残る黒い斑点がよくわかる。

見て学ぶ

呉須の染付という定番に新風を吹き込んだ鈴木繁男の赤絵小皿シリーズ

3寸赤絵皿（梅山窯、ϕ 9cm）各735円　砥部焼で長きに渡り絵付けの指導にあたっていた鈴木繁男が残した赤絵のシリーズ。砥部焼の伝統である呉須（コバルト）の染付を生かしつつ、赤を中心とする多色づかいでかわいらしい図案を描いた。

13

兵庫県篠山市

六古窯に始まり
都の文化をにない
戦後、民窯の道へ

丹波立杭焼

丹波の新たな伝統、「しのぎ」の技法が凝らされた皿。

日本六古窯のひとつ
丹波立杭焼の成立

三田《さんだ》市のニュータウンを抜けしばらく車を走らせると、周囲を山に囲まれた素朴な風景が広がっていた。傾斜地に寄り添うように約50の窯元が軒を連ねているが、こうした場所のほうが登り窯を築くのに適していたそうだ。いまはガス窯が主流だが、ときおり煙突から煙が立ち上がるのが見える。

平安時代末期から鎌倉時代初期に始まったとされる丹波立杭《たちくい》焼。日本六古窯のひとつにも数えられる。桃山時代までは「穴窯」が用いられたが、朝鮮出兵の後、1611年（慶長16年）頃から「**朝鮮式登り窯**」が採り入れられ始めた。穴窯の時代は「小野原焼」、登り窯になってからは「丹波焼」あるいは「立杭焼」と呼ばれたが、国の伝統的工芸品に指定された1978（昭和53）年からは「丹波立杭焼」に名称が統一された。

穴窯から蛇窯へ
丹波らしさの原点

丹波立杭焼の特徴として、窯の構造が挙げられる。

先に書いたような穴窯から登り窯へという変遷は、全国の産地に共通するものだ。たとえば九州の窯場では、朝鮮出兵を機に唐津から九州に入った朝鮮人陶工によりもたらされた朝鮮式登り窯がそのまま採用された。

これに対し、丹波では参考にはしたものの、あくまでも従来の直炎式の穴窯の改良にとどめている。この窯は、竹を縦に割り伏せたようなかたちから「割竹式登り窯」、あるいは「蛇窯」と呼ばれる。蛇窯は、丹波の他では**唐津**に一部見られる程度のめずらしい窯である。

穴窯は傾斜地に溝を掘り、土で天井を築いたトンネル状の原始的な構造で、焼成室も一室のため、焼成できる量も限られ、またその時間には約半月を要した。焼成の特徴としては、入口から火を入れると、まっすぐに火が伸びていく直炎式。勢いよく燃やす必要があるので、最初は酸素が十分に行き渡らない還元焔焼成（酸素の供給が不十分な不完全燃焼。低温で還元性のある炎）となるが、そのままでは炎が上まで到達しないために、途中で酸素を送り込まなければならない。その部分は酸化焔焼成（酸素の供給が十分な完全燃焼。高温で酸化性のある炎）になり、結果的に、還元と酸化が混じる中性焔の状態になるのだ。

江戸時代以降、穴窯から蛇窯になったことで、何が変わったのか。まず、複数の焼成室を備えた連房式になり一度に焼成できる量が増えた。また、それにともない、焼成時間が短縮した。しかし直炎式については、そのまま継続し、それが現在にまで連なる丹波の伝統となった。

中性炎で焼かれたやきものは、朝鮮式登り窯にくらべて釉薬の発色が弱い。そのため、白か黒、焼締めの単純な色しかなかった。色に制限があるぶん、つくり手たちは、かたちに洒落たものを求めた。

もとは壷や甕、すり鉢などの大物をつくっていたが、江戸時代に入ると、折しも、丹波が京都、摂津（大阪）、播磨（神戸）という3つの都から近いという地理的状況も手伝い、他の産地には見られない都会的なセンスのうつわが生まれた。とくに、勢いのある海老が描かれた「海老徳利」や、和ろうそくを模した「ろうそく徳利」などの酒器は、その代表的なものだ。

朝鮮式登り窯
現在もっとも一般的になっている形式の登り窯のこと。斜面に沿って焼成室をつくり、一番下の焚き口で火を焚き、焼成室に熱を送るしくみ。

唐津焼→70頁

技を見る

江戸の伝統を現代に再現した清水さんの海老徳利

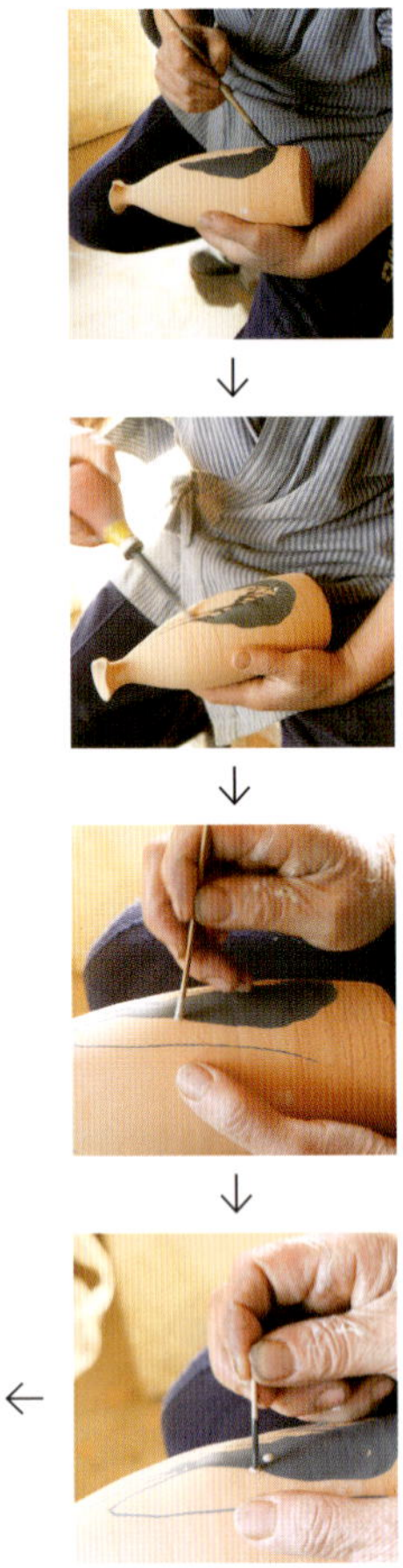

①最初に面相筆に鉄釉をつけ、海老の体を描く。
②釉薬を入れたスポイトに持ち替え、イッチンで脚やひげを勢いよく描き足していく。
③細い棒に白化粧土をつけ、海老の目の土台となる点を打つ。
④さらに別の細い棒で土台の上に海老の黒目を入れる。
⑤完成した海老徳利。
※①～④の作業は撮影用に素焼きの徳利を用いておこなってもらったが、通常は化粧掛けした徳利に施される。その完成品が⑤の徳利。

民窯としての丹波立杭焼を確立したふたりの名工

江戸中期以降、雅なうつわを多く生んだ丹波も、明治に入ると、陶土の性格上うつわが重たいこと、さらに瀬戸などの磁器に押され、人気が衰退していく。

そこで、柳や濱田とともに民藝運動を牽引した京都の河井寛次郎が、丹波の再興に取り組んだ。その役目をになったのが、信楽焼の植木鉢の絵付けの職人で、その技術が認められ、濱田、河井の弟子であった**奥田康博**だった。

1949（昭和24）年に丹波に入った奥田は、鉄分が強く、焼くと鉄のようにかたくなる土の性質、中性焔という窯の条件において、とりわけ釉薬に頭を悩ませていた。そこで、釉薬の研究者、開発者としても名を馳せていた河井の指導も仰ぎながら、最終的には、丹波の伝統である白と黒にこだわり研究を重ね、「奥田黒」と呼ばれた美しい黒を生んだ。

そして奥田に遅れること7年、同じように河井の弟子であり、丹波の再興を託された生田和孝が丹波にやってきた。生田は丹波で最初に登り窯が築か

奥田康博
おくだ・やすひろ（1920―99）。信楽に生まれ、濱田庄司窯に入所し、その後河井寛次郎に師事。師の命を受けて丹波立杭焼の再興に取り組んだ後は、三重県伊勢市に自身の窯「神楽の窯」を開窯。陶芸家として活躍した。

生田和孝
いくた・かずたか（1927―82）。鳥取県出身の陶工。京都で陶芸を学んだ後、河井寛次郎に師事。1955（昭和30）年に帰郷して吉田璋也と出会い、翌年丹波へ。丹波立杭焼の技法を学びながら59（昭和34）年には登り窯を築き、以後生涯にわたり丹波立杭焼の伝統に根ざした日用雑器づくりを続けた。

清水俊彦さん。

俊彦窯の登り窯。

乾燥中のうつわ。しのぎの茶碗や湯呑みもある。

れた釜屋という地域を拠点に、弟子とともに作陶を始めた。すぐれた造形センスを持つ職人として知られた彼は、「しのぎ」や「面取り」といった技法をもたらし、丹波立杭焼に新たな伝統を残した。

19歳のときに生田に弟子入りし、いまも現役で活動しているのが、清水俊彦さん。丹波で唯一の直系の弟子である彼に、江戸期以来の丹波の伝統である「海老徳利」の絵付けを見せていただいた。正確で素早い筆さばき、みるみるうちに勢いのある海老が描き上がっていく様子に目を見張らされたのだが、久野さんいわく「これができるのは清水さんだけだろう」とのこと。民窯としての丹波立杭焼の伝統、技術を未来につなぐつくり手の発掘、育成が急がれる。

《訪ねた窯元》

俊彦窯
1977年独立。師匠の生田和孝が丹波にもたらした「しのぎ」「面取り」の技法や、丹波伝統の「海老徳利」づくりの技術をもつ貴重な職人。
兵庫県篠山市今田町上立杭396

見て学ぶ

丹波立杭の伝統に、河井寛次郎の弟子たちによる新たな伝統が融合

海鼠釉片口（φ 15 × H5.5cm）3360円　清水さんの師・生田和孝がつくった新たな製作の流れ。

蝋燭徳利（φ 8 × H21cm）8800円　こちらは江戸末期に粋人の注文で生まれ流行した徳利。

海老徳利（φ 7.5 × H20.5cm）8800円　江戸末期に丹波で数多くつくられた鉄絵の徳利を再現。

糠釉面取ビールジョッキ（φ 9 × H11.5cm）3990円　糠釉・面取りは師匠譲りの釉と技。

黒釉8寸5分しのぎ平皿（φ 26.5cm）8400円　確かな技術があるから刻める精緻なしのぎ。

筒湯呑胴紐（φ 7 × H8.5cm）2100円　胴紐は李朝伝来の技を民藝の先達がアレンジした技法。

14

三重県伊賀市

美白の陶土が生む
伝統の土鍋と
新しい定番品

伊賀丸柱焼

いまでは伊賀を代表する飴釉の土鍋。底部にのぞく白土とのコントラストが美しい。

伊賀土の特性と土鍋づくりの歴史

　奈良時代に興り、平安末期から鎌倉初期にかけてやきものの産地として発展。桃山時代には、伊賀を治めた大名茶人の筒井定次、藤堂高虎の影響を受け、茶道具が隆盛した伊賀焼。その後18世紀の中頃から、日用雑器が生産されるようになった。現在、窯元の多くは丸柱《まるばしら》地区に集まり、土鍋や行平、食器などがつくられている。茶陶が多かった上野地区と区別する意味から、伊賀丸柱焼とも呼ばれる。

　丸柱では、ふたつの工房を訪問した。まずは、やまほん陶房から。

　出迎えてくれた山本忠正さんはまだ30代。伝統の土鍋づくりを継承しながら、伊賀の土に合う現代のうつわづくりを目指す意欲的なつくり手だ。こちらでは、土鍋の制作を見せてもらうことにした。

　まず、土練りから始まったのだが、土の色は明るいグレー。九州の陶土などとくらべて、鉄分がほとんど含まれておらず、焼くと美しい白に仕上がる。伊賀と信楽は地理的に近く、成形しやすいという似た土質から、つくられるうつわも同じものが多いのだが、厳密には土に違いがある。いまから約400万年前、伊賀は琵琶湖の底で、そのときの堆積群、いわゆる古琵琶湖層群の土が、現在の伊賀の粘土になっているのだ。その後、琵琶湖は北上していったため、伊賀と信楽の土の地質年代にはおよそ50万年の差がある。

（上）古い製品のかたちをヒントに伝統的な土瓶をつくっていた山本さんと久野さんが出会い、改良を重ねて完成させた土瓶。（下）やまほん陶房の工房。山本さんのもうひとつの顔である作家としての作品である、カトラリーも並んでいる。

　土練りが終わり、ろくろによる成形へ。手の動きとコテなどを利用し、本体と蓋、最後に持ち手となる耳をつくる。土鍋の色としては、土味をそのまま活かした白や、人気の青地釉、また、土が粗いという特性から立体感があらわれる飴釉もいい。ちなみに、「伊賀に耳あり、信楽に耳なし」という言葉があるが、これは花入れのことで、花入れは耳の有無を見れば産地の判断がつくことをあらわしている。

　じつは日本で家庭用土鍋が普及したのは意外にも最近で、昭和40年以降のことだそうだ。つまり、それまでは家族で鍋をつつくという光景は一般的ではなかったということだ。

　伊賀で土鍋づくりがさかんになった理由は、当然ながら土が適していたから。低火度で焼き上がり、多孔質な性質であるため、直火に強い。ただ、どうしてもヒビは入ってしまう。最近は多少のヒビでもクレームの対象となるため、多くの土鍋メーカーは陶土に外国産のペタライトという鉱石を入れているのだが、そのぶん、伊賀の土に特有のやわらかい白が損なわれてしまった。機械化の流れから、土鍋の生産の主流は、**萬古焼**の名で知られる、工場

萬古焼
ばんこやき。三重県四日市市の地場産業。国内シェア80%以上を占める土鍋や急須が代表的な製品だが、つくられるやきものの様式はさまざま。

（上右）土鍋を制作中の山本さん。
（上左）鮮やかな色みが人気のやまほん陶房の青地釉土鍋。
（下右）土の白さを生かしたカネダイ陶器の行平鍋。
（下左）行平鍋を制作中の大矢さん。

での大量生産が可能な四日市に移っていったが、依然として伊賀の主力製品であることは間違いない。

美しい白土を生かし 新たな日用品のうつわを

やまほん陶房を後にし、カネダイ陶器の大矢正人さんのところへ。こちらでは、行平鍋とごま炒りの制作を見せていただいた。制作は土鍋がメインだと思っていたのだが、土鍋は季節商品であるため、年間を通すと食器の出荷量が圧倒的に多いそうだ。

いま、久野さんが力を入れているのも、この伊賀の白土を生かした日用品としてのうつわづくり。これまでに、土瓶や湯呑みなどを制作してきた。ふたつの工房と始めた伊賀の新しい魅力を探求する試みが楽しみである。

地理的条件と成形しやすい土 信楽焼が有名になった理由

最後に、隣接する信楽焼についても触れておきたい。信楽が圧倒的な知名度を誇る理由は何なのだろうか。まずは、伊賀にくらべてより京都、琵琶湖に近いという地理的条件が挙げられるだろう。都からの注文を受けやすかっただろうし、琵琶湖の水運を利用できたのは強みだ。そのため、産地化が推進された。あとは、つくりやすいという評判の土だ。成形しやすくするために地元の土と混ぜて使用する産地や、信楽の土を使って作品をつくる作家も少なくない。このようにして、信楽焼は全国的に知られるようになっていったと考えられる。

《訪ねた窯元》

やまほん陶房
若きつくり手の山本忠正さんは、代々続く窯元としての土鍋づくりの職人と、モダンなうつわをつくる作家というふたつの顔を持っている。
三重県伊賀市丸柱2053

カネダイ陶器
1872年創業の歴史を持つカネダイ陶器。当主の大矢正人さんは、伊賀のやさしい白土のよさを生かした土鍋、食器をつくり続けている。
三重県伊賀市丸柱1897

見て学ぶ

伊賀丸柱といえばまず土鍋だけれど ほかにもまだあるすぐれものたち

飴釉ポット（ⓐ、φ9×H10cm）7560円　シンプルで持ちやすく、注ぎやすいポット。

伊賀7寸深土鍋（ⓐ、φ22×H18cm）4500円　中ぶたなしでご飯がおいしく炊けると評判。

青地釉9寸土鍋（ⓐ、φ29×H16.5cm）9975円　幕末からある伝統のかたちを現代的に。

行平鍋（ⓑ、φ19×H17.5cm）5670円　白みを帯びた土色を生かした機能的な行平土鍋。

ごま炒り（ⓑ、φ12.5×H7.5cm）1890円　熱の回りのよい土の特性が生きる調理器具。

白釉鉄線紋切立鉢（ⓑ、φ21×H5.5cm）2940円　シンプルなかたち、装飾だから万能に活躍。

※ⓐやまほん陶房、ⓑカネダイ陶器

15

瀬戸焼

日本のやきものの縮図
伝統工芸から雑器まで
陶器から磁器

愛知県瀬戸市

柳宗悦が瀬戸品野を代表する手仕事として評価した「麦藁手」の鉢。

やきものの代名詞となった千年以上の歴史を持つ大窯業地

瀬戸焼の始まりは8世紀。瀬戸の南に位置する猿投山《さなげやま》に端を発する。1592（文禄元）年の豊臣秀吉の朝鮮出兵以降、連れ帰った朝鮮人陶工の影響を受けている窯場とは成り立ちが異なる日本古来の窯場であり、常滑、越前、信楽、丹波、備前とともに六古窯と呼ばれる。

鎌倉から室町時代にかけては、この時代で唯一釉薬が施された「古瀬戸」が生産された。灰釉、織部釉、黄瀬戸釉などの多彩な釉薬、純白が美しく、強度、耐火度に優れる良質な陶土などの条件から、日用雑器のみならず、茶道具、美術工芸品などもつくられ、陶器生産の中心地となっていった。その繁栄は「瀬戸物」という言葉が、いまも東日本のやきもの全般を指す言葉として用いられていることからもわかる。

19世紀に入ると、磁器の生産が開始。この新しくもたらされた磁器は「新製焼」、従来からの陶器は「本業焼」と呼ばれ、区別された。

陶器も磁器もつくられ、大手メーカーから個人作家までが混在しながら、現在に至るまで一大窯業地を形成している瀬戸。その中で民藝の精神を受け継ぎ、陶器をつくり続けている窯がある。それが、水野半次郎が開窯した**瀬戸本業窯**だ。

瀬戸本来の生業を守る瀬戸本業一里塚窯

瀬戸本業窯は約300年に渡り、瀬戸本来の日用雑器づくりを生業にしてきたことからそのように呼ばれる。柳宗悦、濱田庄司ら民藝運動の指導者たちも足を運んだそうだ。だが、その本業窯も時代の流れか、近年は作家的な作品が目につく。一方、その本業窯から分家した瀬戸本業一里塚窯は、いまだに民藝的な志向を貫いている。2代目の水野雅之さんを訪ねた。

まず目に入ったのが、13連房もある巨大な登り窯。1972（昭和47）年を最後に使われていないが、その大きさや、10人近くの職人を雇っていたということからも、当時の隆盛ぶりがうかがえる。登り窯が使われなくなった理由として、プラスチック製品の台頭による売上の減少、アカマツなどの燃料費の負担増、ガス窯の一般化、火鉢や水甕などの大物からうつわへ需要がシフトしてきたことなどが挙げられる。現在、つくり手は水野さんひとりで、ガス窯で焼かれている。

“日本一の土”を生かした灰釉のコーヒーカップ

水野さんは言う。

「『（成形においても、釉薬においても）白い土から逃げるな』と教わりました。瀬戸には、白く美しい土と釉薬がある。土に灰釉を掛けるだけで、美しいものができる。日本一の土とも……。ただ、若い作家志望の方たちからすれば、それだけでは物足りないのでしょうね。ついつい、土を混ぜたり、つくりやすいという理由から信楽の土を使ったり、奇抜なかたちにしたり。結果的に、瀬戸焼らしさを見失っているように思えます」

では、瀬戸焼らしいうつわとは、どんなものなのか。現代の用にかなう一例として取り上げたいのが、灰釉のコーヒーカップ。久野さんいわく、「コーヒーに一番似合う色」というコーヒーカップは、たしかに深いブラウンと相性がいい。持ち手の付け方、口を付

瀬戸本業窯
江戸時代から300年の歴史を持つ窯元。代々当主が水野半次郎の名を受け継ぎながら、日用雑器づくりを続ける。民藝の作家たちが窯を訪れたのは6代目半次郎の時代。現在は7代目と8代目後継が中心となり窯を守っている。

皿の縁の折り返しづくりに使われる鹿のなめし革。

ろくろで瀬戸伝統の石皿を成形中の水野さん。

白く美しいことで知られる瀬戸の土を練る水野さん。

ける縁の部分など、使い勝手にも配慮されたつくりになっている。

柳も称賛した麦藁手の名手 加藤さんのもとへ

次に向かったのが、小春花製陶。瀬戸を代表する紋様のひとつに「麦藁手」があるが、じっくりと時間を掛けられる作家的なスタンスではなく、職人的、商業的に素早く麦藁手を描けるのは、瀬戸の中でも、こちらに嫁いでから約40年に渡り絵付けをおこなってきた加藤万佐代さんぐらいしかいないそうだ。

作業の手順としては、絵の具の黒を引いてから、泥漿の赤を引く。うつわの外側は引けても、内側を引くのが難しい。縁から中心に向かってひくのだが、時間がかかり過ぎたり、その結果として線に勢いがなくなったりと、技術の習得には相当の年月が必要だそうだ。

麦藁手に使われる顔料は「赤楽」ともいわれ、山から鉄分を含む土を採取し、水簸して鉄分と砂を分けてから、その鉄分のみを瀬戸の白い土と混ぜて、泥漿にして描く。そして、仕上げには灰釉を掛ける。

麦藁手と並ぶ小春花製陶の定番柄、独楽紋の深皿。

麦藁手に使われる顔料の赤楽。

小春花製陶外観。

麦藁手

うつわの胴や見込みに放射状に麦の穂のようなラインを入れる装飾技法。柳宗悦は『手仕事の日本』の中で「品野の窯で最も誇ってよいのは、土地で「赤楽」と呼んでいる土で、これでよく縦に縞をいれます。いわゆる「麦藁手」といわれるものの一つで、品野の特産でありました。色はくすんだ赤黄色のもので、よい彩りを与えます」と記した。

水野さんがつくる灰釉のコーヒーカップ。

瀬戸本業一里塚窯の工房にあった釉薬の色見本。

瀬戸本業一里塚窯にいまも残る13連房の登り窯。

この麦藁手はかつて、何本もの草が描かれていることから十草と呼ばれたが、柳宗悦が品野を訪れた際、麦藁手と名づけたという話もある。ただ、この柳を魅了した麦藁手の赤が、原料の影響か近年はオレンジに近い色味に変わってきたという。昔を知る民藝愛好家からは残念という声が上がる一方、その変化を知らない若い世代には人気が高いそうだ。

《訪ねた窯元》

瀬戸本業一里塚窯
約300年続く瀬戸本業窯から分家。2代目の水野雅之さんは、本業窯7代目水野半次郎のもとで修業後、父の死を受けて本業一里塚窯を継いだ。
愛知県瀬戸市一里塚町27

小春花製陶
瀬戸市品野で江戸時代から続く窯元。現在、つくり手は加藤さんご夫妻と息子の3人。柳宗悦が〝品野の特産〟と認めた「麦藁手」が有名。
愛知県瀬戸市窯町118

見て学ぶ

日本最大の窯業地ではいまや希少な手仕事の伝統を守る現代のうつわ

青楽麦藁手飯碗（ⓑ、φ 12 × H6cm）2520円　柳宗悦も賞讃した、瀬戸品野伝統の麦藁手。

男飯碗（ⓐ、φ 13 × H6cm）2310円　じつは成形が難しいポピュラーな飯碗のかたちを再現。

縁付7寸瀬戸皿（ⓐ、φ 19.5 × H4.5cm）3300円　持ちやすい縁のついたシンプルな灰釉の皿。

独楽紋7寸深皿（ⓑ、φ 21.5 × H5cm）3780円　麦藁手と並ぶ品野の定番、赤楽の独楽紋。

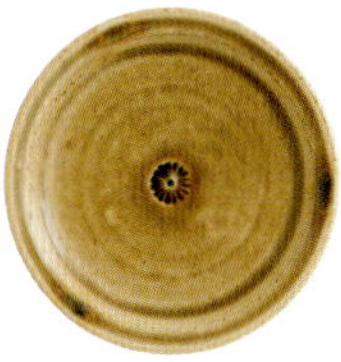

黄瀬戸押紋4寸皿（ⓐ、φ 12 × H2.2cm）1155円　瀬戸の代名詞のひとつ、黄瀬戸の小皿。

8寸石皿（ⓐ、φ 24 × H3.5cm）6300円　石皿は少し深さのある瀬戸の伝統的な煮しめ皿。

※ⓐ瀬戸本業一里塚窯、ⓑ小春花製陶

16

栃木県芳賀郡益子町

益子焼

濱田以前以後で
大きく様相を変えた
日本を代表する窯場

かつて濱田庄司が“健康の美”と称賛した山水絵付け。その技は皆川マスから孫のヒロさんに受け継がれている。

益子焼の礎を築いた 濱田庄司の存在

関東を代表する窯場であり、美術館やギャラリー、土産物屋から、レストラン、カフェまでが建ち並ぶ一大観光地、益子。その片隅でひっそりと職人の仕事をまっとうしている、陶工の木村三郎さんを訪ねた。

木村さんを紹介する前に、益子焼の歴史を振り返る。益子焼は1853(嘉永6)年、笠間焼で修業した大塚啓三郎により開かれた。明治以降、大消費地である首都圏に近いという立地を生かし、壺、甕、すり鉢などの日用雑器を大量に焼き続けた。釉薬は古くから、糠白釉、並白釉、青釉、黒釉、柿釉などが使われてきた。

益子焼が現在のように有名になったのは、民藝運動の指導者である濱田庄司の影響が大きい。京都の陶芸試験場で河井寛次郎とともに学び、イギリスに渡りバーナード・リーチと共同で作陶をおこない、沖縄の壺屋に一時的に滞在した濱田が、最終的に腰をすえて陶芸に取り組む場所に選んだのが、益子だった。それが1930(昭和5)年のこと。生まれ育った関東に近いことが益子への移住を決めた理由といわれるが、久野さんによると、濱田の好みの唐津焼に土質が似ているというのも決め手になったのではないか、という。

そしてもうひとつ、コバルトやマンガン、黒の絵の具などで、山水や山野草などが描かれた「山水土瓶」との出会いも大きかった。濱田が益子へやってきた頃は、すでに下火で絵付け師も少なかったが、そのうちのひとり、**皆川マス**とは交友を結んだ。濱田が〝健康の美〟と称した山水土瓶は、現在もなお益子焼を代表するもので、皆川マスの孫の皆川ヒロさんにより絵付けがなされている。

名もなき職人が継承する 益子焼最高の技術

この山水土瓶をろくろで成形しているのが、木村さんだ。しかも久野さんいわく、昔のものよりもはるかにかたちがいい。益子には、窯元たちが出資し共同で経営する共販センターがあるが、ときどき手仕事でしか対応できない困難な注文が入るという。木村さんは、そうした注文を一手に引き受ける、益子では知る人ぞ知る卓越した技能を持つ職人なのだ。これまでに、日本全国で数多くの職人に出会ってきた久野さんをも驚かせる木村さんのろくろさばきをじっくりと見る機会に恵まれた。

まずは、急須。つくり手の技術の差は、急須や土瓶などの袋物に出るというが、そのつくりの早さと正確さに舌を巻いた。本体からつくり始めたのだが、みるみるうちに仕上がっていく。そこには、削りなどでととのえるという工程は見られず、最小限のろくろの回転しか必要としていないようなのだ。

さらに、蓋には驚かされた。手の陰となり、蓋が見えなくなった次の瞬間、つまみはできていた。親指を中心とした指の動きだけで、蓋のつまみが生み出されるのだ。そして、出来上がった蓋をさっきつくったばかりの本体に置くと、これがピタリと合う。しかも、制作時にサイズを測るのに用いるトンボも使っていない。

「注文品をつくるときは、ちゃんと測るよ」と木村さんは言うが、飄々といとも簡単に急須をつくり出すその様子に、職人のすごみのようなものを感じた。

現在の益子は、**つかもと**のような大

皆川マス
みながわ・ます(1874—1960)。10歳のとき、益子の鳥羽絵師・皆川伝次郎の養女となり、山水の絵付けを学び、15歳で益子焼の絵付け職人となる。1938(昭和13)年にはベルリンで開催された第1回国際手工芸博覧会で絵付け土瓶が特選を受賞し、土瓶は戦前の益子焼を代表するやきものとなった。70年近くにわたり何万回もくり返された絵付けの仕事は、柳宗悦ら民藝の先達たちに高く評価された。

つかもと
株式会社つかもと。幕末創業の益子焼最大の窯元。信越本線横川駅の人気駅弁「峠の釜めし」の容器製造で業績を伸ばし、現在は窯のほかにもギャラリー、美術館、飲食施設などを擁する益子焼の一大テーマパーク的な存在となっている。

技を見る

これぞ職人！の妙技に驚嘆
木村さんの卓越したろくろさばき

急須

甕

徳利

茶碗

〈急須〉右から順に、本体、蓋、ハンドル、注ぎ口の成形の様子。最後に、別々につくった各パーツを乾燥させる。半乾きになったら、パーツをつなぎ合わせる作業をする。

〈甕〉つくっているのは6升甕。土のかたまりからろくろを挽きはじめる「玉づくり」という方法でつくられる。

〈徳利〉まず胴をかたちづくり、首、そして注ぎ口を成形。注ぎやすい徳利になるかどうかは、指先の感覚ひとつで決まる。

〈茶碗〉木村さんの手にかかると、茶碗などはほんとうに一瞬で出来上がる。

倉庫には注文に応じてつくったさまざまなうつわが。

木村さんがいつも作業をしているろくろ。

皿の縁をつくる木村さんの手。

規模な窯元から、個人レベルの陶芸家までが作陶を続ける大窯業地となっているが、木村さんのような職人はほぼ皆無だという。その進取の気風に富んだ土地柄ゆえ、濱田がそうであったように、外部から移り住む者が後を絶たないが、その多くが作家を志向している。

元来、かたちも装飾も簡素だった益子焼は、その伝統を生かしつつ、全国の窯場の技法や装飾を採り入れてきた。それに大きく貢献したのが濱田自身であり、益子焼を全国区にしたのは、濱田の弟子で人間国宝にもなった島岡達三らの存在だった。しかし、いわゆる日用品としての数物の世界で益子を引っ張ってきたのは、一般には名前の出ることのない、木村さんのような職人たちなのだ。いま一度、彼らに光を当てる必要があるのではないだろうか。

《訪ねた窯元》

木村三郎窯（きむらさぶろうがま）
現在の益子焼を代表する名陶工。依頼されればなんでもつくる、という職人に徹した人で、益子名物「山水土瓶」も木村さんの手によるものだ。
栃木県芳賀郡益子町益子551

見て学ぶ

益子らしい釉薬と木村さんの〝魔法の手〟が生み出す健やかな美しさ

海鼠釉４寸片口（φ 12 × H7.5cm）1575円　手になじむかたち、海鼠釉の流れが秀逸。

黒釉急須（φ 10 × H8.5cm）3990円　マットな柚子肌、水切れのよさ、価格の安さで大人気。

縁抜柿釉６寸皿（φ 21cm）2100円　益子伝統の柿釉を縁抜きにアレンジし、モダンな皿に。

飴釉白流薬味壷（φ 8 × H8.5cm）1470円　ろくろ技術の高さを表すかわいいフォルム。

黒釉醤油差し（φ 6.5 × H9cm、皿 φ 10cm）1890円　急須の注ぎ口の技術を応用し液切れよく。

柿釉６寸丼（φ 18.5 × H8cm）3045円　こちらも柿釉に抜きを入れ、スッキリとした独楽紋に。

木村さんが、成形した甕をつぶして素地の厚さを見せてくれた。甕が用を果たす上で重要な底の厚さと、
そこからだんだん薄く均一になっているのが見てとれる。うつわづくりのレベルの高さがうかがえた瞬間。

17

茨城県桜川市

横田窯

かたちも手ざわりも
どこかなつかしい
暮らしの道具

磨き土器でつくられた米びつ。

磨けば磨くほど金属のような光沢に

茨城県の真壁では、かつて「磨き土器」がさかんにつくられていたが、いまでは横田安さんだけになってしまった。磨き土器でつくられるものには、何があるのだろうか。横田さん宅の庭先には昔なつかしい赤く丸いポストなど、注文に応えてつくるさまざまな変わったものがある。そのなかに、現代の暮らしのなかで使えるものをと考えた久野さんの提案でつくられた、米びつや火消し壷などもある。色は黒と煉瓦色だ。

磨き土器の制作は、まず、田んぼから採取した鉄分の多い土をろくろや型で成形することから始まる。それを半乾きの状態にし、自作の道具で削るなど成形をととのえて、黒であれば鉛筆の原料でもある黒鉛、煉瓦色であればベンガラを、布を使って塗り込んでいく。

その後も、石やビニール袋で磨きをおこない、一週間ほど乾かせて、再度磨きの作業を繰り返す。製品により磨きの回数は異なるが、雑器類であれば2回ほど。当然、磨けば磨くほど美しく金属のような光沢が得られる。

ちなみに仏像は、雲母《うんも》（高い耐熱性、弾力性をもつ珪酸塩鉱物で、真珠のような光沢があるため日本では〝きら〟とも呼ばれる）で磨かれているそうだ。焼成においては、他の土器と同じように、まずは８００℃程度で、最終の段階で空気を遮断、つまり還元焔焼成の状態にして焼き上げられる。

半世紀以上磨き続けた職人の手のひら

一連の作業を見学した後、横田さんの手のひらを見せていただいた。その皮の厚いゴツゴツとした手は、半世紀を越える職人としてのキャリアを感じさせるものだった。横田さんは、その昔、ホンダの創業者である本田宗一郎と会い、握手したことがあるという。

「つなぎを着てやってきて、気さくに握手してくれたんだけど、その手は傷だらけだったよ」と語る、横田さんの横顔に同じ職人としての誇りがうかがえた。

（上段右）黒鉛を用意する横田さん。（上段左）磨きに使用する石。（中段右）磨きの下準備。まず水を含ませた布で土器の表面をふいて湿らせる。（中段左）土器の表面を湿らせた後、布につけた黒鉛を全体に塗り込んでいく。（下段）磨きの作業スタート。まだ表面に凹凸があるが、これがツルツルになるまで石で磨き上げていく。

《訪ねた窯元》

横田窯（よこたがま）
真壁に唯一残る磨き土器の窯元。父のもとで修業後、後を継いだ横田安さんはキャリア50年を誇るベテラン。おもに貯蔵用の容器を手掛ける。
茨城県桜川市真壁町源法寺348

見て学ぶ

新たな用を得た現代の土器たち

火消し壺（W21 × D16.5 × H21cm）8500円　石川県の大樋焼の古作を参照し、縮小版に。

蚊取り線香入（φ 14.5 × H16cn）3150円　愛嬌あるフォルムは沖縄のかたちのアレンジ。

ほうろく（φ 24 × H3cm）2625円　火に強い土を生かし焼きもちや豆炒り用のほうろくに。

磨きが終わった後の横田さんの手。

18

秋田県大仙市

楢岡焼

海鼠釉を研究し
青の奥深さを伝える
東北を代表する現代民窯

小松さん親子が実現したより濃厚なブルーの海鼠釉のすり鉢（右）と深鉢（左）。

柳親子を魅了した深く鮮やかなブルー

「貧しい安ものを焼く小さな窯でありますが、東北第一と讃えても誤りはないでありましょう」と、柳宗悦が著書『手仕事の日本』の中で高く評価した楢岡焼。江戸幕末期に開いた窯は現在まで途絶えることなく続いている。

楢岡焼の一番の特徴は、何といっても海鼠釉だ。藁灰釉と飴釉（ガタ釉ともいわれる鉄分を多く含んだ泥漿）が、陶土の鉄分と融合することで生まれる深く鮮やかなブルーは、柳宗悦の長男で日本民藝館の館長を務めた宗理をも魅了した。

つくられるものは、かつては甕や壺など、おもに農作業の需要を満たす大物であったが、昭和40年代以降は、茶碗や鉢、皿などの小物もつくられるようになっていった。

楢岡焼とよく間違われるやきものに、となりの角館の白岩焼がある。楢岡焼が実用的な容器を制作してきたのに対し、藩窯として栄えた歴史を持つ白岩焼では、茶碗や茶器もつくられた。ただ、お互いに海鼠釉を用いており、その違いはプロであっても見分けがつかないこともあるとか。わずかに、白岩焼の方が白っぽいそうだ。

小松親子が取り組むより濃厚なブルーへの挑戦

現在、楢岡焼は5代目の小松哲郎さんと、その息子の潮さんに受け継がれている。

この地域のやきものはその土質ゆえに、腰に丸みがあるのが造形的な特徴で、基本的には鉢などに向いている。しかし近年、小松さん親子は平皿などにも取り組んでいる。

また、ふたりはともに研究熱心で、釉薬や登り窯での焼成にもこだわり、平皿に関しては、還元焔焼成（窯の中を無酸素状態にする焼成方法）で、1回焼いた後に、もう1回焼くことで、さらに濃厚なブルーを実現するなど、楢岡焼の新たな魅力を生み出そうとしている。

親子の挑戦が楢岡焼にどのような新しき伝統をもたらしていくのか、将来が楽しみな窯である。

大物づくりの伝統を活かした、白釉がたっぷりと掛けられた傘立て。

《訪ねた窯元》

楢岡陶苑（ならおかとうえん）

1844年、陶祖小松清治により開窯。現在は楢岡焼唯一の窯として、5代目小松哲郎さんと息子の潮さんが伝統を引き継いでいる。

秋田県大仙市南外字梨木田344-1

0187-73-1018

見て学ぶ

伝統の海鼠釉と黒釉という新展開

切立蓋甕1升漬物入（φ14×H17cm）6300円　楢岡の代名詞、海鼠釉をたっぷり掛けた甕。

縁鉄6寸海鼠釉薬深皿（φ18×H5cm）3465円　黒釉が還元焔の二度焼きで趣ある発色に。

海鼠釉6寸すり鉢（φ15×H6cm）2520円　伝統的な大物を現代の暮らしに合わせて小型化したもの。

19

島根県雲南市

古刹・峯寺のふもと
民藝の教えを守り
日々のうつわをつくる

永見窯

石見の土のよさを引き出したモスグリーンの平皿。

陶工の志を映す
素朴でモダンな洋食器

山間にたたずむ質素な掘建て小屋の作業場は、主である永見克久さんの慎ましさ、素朴さを表現しているかのようだ。日々ひとり黙々と作陶活動を続けている。

布志名焼の船木窯で修業を積んだ永見さんは、イギリスのバーナード・リーチと深い交友関係を結んでいた師匠の船木研児の教えもあり、洋食器全般を得意とする。久野さんとは出西窯の多々納弘光さんと通じて知り合い、これまでに多くの食器を制作してきた。

代表的なのが、石見地方の陶土に白化粧を施した少し黄みを帯びた白と、陶土に直接透明釉を掛けたことであらわれたモスグリーンのコントラストが美しい平皿。また、布志名焼の特徴である来待石をくだいた釉薬「黄釉」を用いたモダンなテイストのグラタン皿やパスタ皿も発表している。

窯は電気やガスではなく、薪で焚く単窯を自作して使用している。わずか1㎥しかなく、さらにきれいに焼き上がるスペースがほんのわずかしかないという非効率な窯にもかかわらず、自然の作用や偶然性といった民藝本来のおもしろさを求めて愛用し続けている。

《訪ねた窯元》

永見窯（ながみがま）
布志名焼の船木研児に師事し、1981年開窯。自ら土を採掘し、単窯を築くなど、徹底して手仕事にこだわる。洋食器全般を得意とする。
島根県雲南市三刀屋町給下　峯寺馬場

20

鳥取県鳥取市

山根窯

民藝の視点と骨董、西洋の美の融合を目指す

釉薬を半乾きにさせてから、スリップウエアを施した角皿。

独自の美の視点を持つ民藝派作家

因州和紙の里として知られる鳥取市青谷町。車道に車を停めて、田んぼの間の道を入った奥に山根窯はある。神楽の窯の奥田康博や、岩井窯の山本教行らのもとで作陶を学び、現在の場所に窯を築いたのは1985（昭和60）年春のこと。西洋的な煉瓦積みの登り窯を自ら築くなど、作陶に対する独特の哲学がうかがえる。

骨董が好きな窯主・石原幸二さんの自宅には、洋の東西を問わず、ゆがんだり、気泡を含んだりしたうつわがコレクションされているにもかかわらず、自らがつくるものには完璧を求める。釉薬や火などの偶然の作用にも美を見出すことがある久野さんとは、根本的なものの見方が異なるのだ。どこか個人作家的な生き方を志向しているようにも思える。

工房でスリップウエアの実演を見せていただいた。湯町窯の福間さんが濡れた状態で描くのに対し、石原さんは半乾きにしてから描く。そのため、ほとんど流れない。つまり、それは石原さんの個性なのだ。スリップウエアのコピーに終始するつくり手が大半の中、それを独自の模様として捉えているところに好感が持てる。

《訪ねた窯元》

山根窯（やまねがま）

伊勢・神楽の窯の奥田康博、岩井窯の山本教行らに師事し、1985年開窯。スリップウエアで装飾したモダンな洋食器を多く手掛ける。

鳥取県鳥取市青谷町山根190-1

21

鳥取県岩美郡岩美町

地元の陶土と
釉薬にこだわった
ていねいなうつわづくり

延興寺窯

師匠生田和孝譲りのしのぎが施されたティーポット。

父の経験と娘の感性から生み出されるうつわ

山下清志さん、裕代さん父娘の窯は、美しい自然に囲まれた岩美《いわみ》町の延興寺《えんごうじ》という地域にある。

父の清志さんは、丹波立杭焼にて生田和孝に師事した後、兄とともに浦富焼を再興。1979（昭和54）年に延興寺窯を開いた。三女の裕代さんは、沖縄・読谷山焼北窯の松田共司さんの工房で約3年間修業した後、父のもとで作陶を始めた。

陶土は近くの山裾で採れるもの、釉薬の黒は地元のマンガンを多く含んだ黒石と地元産にこだわっている。つくるものは湯呑み、コーヒー碗、ポット、花器などの日用品が中心。そしてそれらを特徴づけているのが、生田直伝のしのぎや面取りの技法、豊かな黒と糠釉のあたたかな白の釉薬、登り窯による焼成だ。

取材に訪れた際、裕代さんは型の仕事に精を出していた。物静かな雰囲気は父とよく似ている。そんなふたりによる、鳥取たくみ工芸店で定期的に開催される「延興寺窯・山下清志父娘展」は人気の展示会だ。まだまだ若い女性の陶工を見る機会は少ないが、裕代さんのような存在は次世代への期待を抱かせてくれる。

《訪ねた窯元》

延興寺窯（えんごうじがま）
当主の山下清志さんは生田和孝に師事し、兄の碩夫さんと浦富焼を再興した後、1979年、延興寺窯を開窯。娘の裕代さんと作陶に励む日々。
鳥取県岩美郡岩美町延興寺525-4

22

福島県大沼郡会津美里町

会津本郷焼

ニシン鉢

郷土料理から生まれた
東北を代表する型物

1958年のブリュッセル万国博覧会でグランプリを受賞したこともある「ニシン鉢」。

会津の気候風土が生んだ用のうつわ

会津本郷のやきものの歴史は古く、桃山時代に会津に国替された武将・蒲《が》生氏郷《もううじさと》が瓦工を招き、城郭の瓦を焼かせたことに始まる。1645（正保2）年には、会津藩主により招かれた瀬戸の陶工である水野源左衛門が陶土を発見し開窯、1816（文化13）年には磁器の焼成が始まり、現在もなお、陶器と磁器が共存している。

陶器を制作する唯一の窯が、福岡県の宗像神社の宮司の家系にあたる宗像窯。一貫してすり鉢や水甕などの日用雑器づくりに励んできた。その代表的なものに「ニシン鉢」がある。

会津の郷土料理である身欠きニシンの山椒漬けを漬けるための箱型のうつわは、木枠を用いた型起こしの技法でつくられる。その骨格のあるかたちや、飴釉を全体に掛けた後でさらに糠釉を掛け流し、登り窯の火の作用から微妙に変化した模様は、まさに用の美を体現したものといえる。

昭和のはじめには、柳宗悦、濱田庄司らが訪れ、『手仕事の日本』の中で「健康な仕事」と称えた宗像窯も、現在、民藝から美術工芸の道へと転換する分岐点に立っている。

《訪ねた窯元》

宗像窯（むなかたがま）
1718年開窯。1954年、柳宗悦、濱田庄司、バーナード・リーチらの来訪を受ける。現在は、8代目の宗像利浩さんが当主を務めている。
福島県大沼郡会津美里町字本郷上3115

23

山形県山形市

平清水焼

窯元同士が競い
切磋琢磨しあい
生み落とされた釉薬

梨青磁の片口と白釉のすり鉢

茶陶、酒器、食器…すべてに合う品のよさ

山形市の南東、千歳山の麓にたたずむのが、平清水焼の里。文化年間（1804―18年）に、大地主の丹羽治左衛門が笠間焼の陶工を招いたのが始まりとされるが、平安時代にすでに伝えられていたとの説もある。その後福島県内の相馬焼からも陶工を招き、技法・手法が普及、発展し、最盛期には窯元の数は30軒以上を数えた。

現在は、東北の窯場でよく見かけられる片口をはじめ、あらゆる日用雑器が制作されている。久野さんが作業場を訪れた際、あまりにもきれいなことに気づいた。通常、ろくろで成型する際、水引と呼ばれる技法でおこなうのだが、その場合、どうしても、ろくろの周囲は土が飛び散り、汚れてしまう。理由を聞くと、水ではなく、ふのりを使っているとのこと。きめが細かいわりに粘りが弱いという陶土の性質上、そのほうが、ろくろを挽きやすくなるそうなのだ。

釉薬に関しては、白化粧が掛けられること、そして、鉄分を含む陶土を還元焔焼成することであらわれる梨のような斑点とやわらかい青味が魅力の「梨青磁」が特徴。この釉薬は、他の東北の窯場には見られないものだ。

《訪ねた窯元》

七右エ門窯（しちえもんがま）
それぞれの窯元が独自の作風を持っている平清水焼。創業150年を数える七右エ門窯は、白化粧や梨青磁などの装飾に特徴がみられる。
山形県山形市平清水153
023-642-7777

岩手県久慈市

小久慈焼

厚手でぽってり
素朴であたたかい
庶民のための雑器

24

柳宗悦も注目した飴釉と白釉を施した、口の長い片口。

地方民窯の素朴さが いまの暮らしに伝えるもの

1813（文化10）年、初代の熊谷甚右衛門が、相馬の陶工の嘉蔵を招いたのが小久慈焼の始まり。地元の粘土で焼いていた日用雑器が認められ、やがて八戸藩の御用窯へ。藩の保護を失った明治維新以降も、庶民のためのうつわを焼き続けるが、戦後急速に衰退してしまう。6代目の熊谷龍太郎さんと平清水焼などで修業を積んだ下嶽毅さんが、小久慈焼企業組合を設立し、小久慈焼を再興したのは、戦後の復興が本格化し始めた1957（昭和32）年のことだった。

小久慈焼を代表するうつわが、細長い口を持つ片口だ。長すぎて破損しやすいため現在は短くなってはいるが、口が長いのは、厳しい寒さで手がかじかむ冬でも持ちやすいように、との配慮からだろう。うつわとしてだけでなく、ひしゃくとして使われることもあったのではないだろうか。

つまり、デザインからではなく、用から入ったかたちなのだ。釉薬は鉄分を多く含む飴釉と、籾殻の灰を混ぜた糠白釉の2種。厚手の素地全体に均一に釉薬を掛けただけの、地味さ、素朴さがかえって現代において新鮮に映る。

《訪ねた窯元》

小久慈焼企業組合（こくじやききぎょうくみあい）
戦後急速に衰退した小久慈焼を、1957年に企業組合の形式で再興。組合の設立に尽力したひとり、下嶽毅さんが現在理事長を務める。
岩手県久慈市小久慈町31-29-1
0194-52-3880

3時間目

暮らしに寄り添う
美しいものを見つけよう
うつわを選ぶ、
うつわを使う

民藝やうつわ、全国の窯のことがわかってきたら、
いよいようつわを使ってみたくなるもの。
そこで、3時間目では、うつわとのつき合い方や、
民藝のうつわに合う料理など、
より実践的なノウハウをレクチャーします。

まず、「どんなうつわから買えばいい？」
「いいうつわを見分けるコツは？」など、
初心者の方でも堂々とお店に入り、

安心して購入するためのポイントを伝授。
それから、春夏秋冬、
それぞれの季節に合ううつわと料理をご紹介。
民藝のうつわは実際に料理を盛り、
使ってこそ、本領を発揮するもの。
おいしい料理の引き立て役に徹する
うつわたちが見せる表情も、大きな見どころだ。

さらには、うつわの産地で見つけたとっておきの味の情報、
民藝のうつわをもっと学びたい、楽しみたい人のための
ミュージアムガイドや陶器市情報、用語集など、
まさにかゆいところに手が届く内容となっている。

民藝のうつわは眺めて楽しむものではなく、
実際に触れて、使ってこそそのよさを体感できる。

美しく、健やかな、民藝のうつわのある暮らし。
始めてみませんか。

先生に質問①

どんなうつわから買えばいい？

民藝のうつわのよさを知るには使ってみるのが一番だけれど、お店に行くとよりどりみどりで迷ってしまうもの。まずは民藝の先生・久野さんに選び方のポイントを聞いてみよう。

《ポイント1》よく使うもの

石見焼の平皿

小鹿田焼の飯椀

瀬戸焼の角湯呑

はじめて買ううつわは、日々使うものがおすすめ。ごはん茶碗や、お茶が好きなら湯呑み、コーヒー党ならコーヒーカップ、晩酌を楽しむ方ならぐい呑みでも……。ちなみに軽いほうがいいと思う方が多いが、一概にそうとはいえない。出会った瞬間の第一印象や、触れたときの感触も大切に。お気に入りのうつわなら毎日使いたくなるし、毎日使い続ければ、手になじみ、愛着も増してくるはずだ。

《ポイント2》「こう使いたい」が思い浮かぶもの

龍門司焼の黒茶家

丹波立杭焼のろうそく徳利

伊賀丸柱焼の行平鍋

「この徳利を一輪挿しに」とか、「すり鉢であえものをつくってそのまま食器として食卓に」など、一般的な使い方にこだわらず、普段の暮らしのなかで、自分ならどう使いたいかをイメージできるうつわを選ぶとよい。抱瓶や黒茶家などのように、その地域に特有なうつわの場合、本来の用途を知りたくなるものだが、あまりとらわれすぎずに自分なりの使い方を楽しんでみるのがおすすめだ。

《ポイント3》好きな窯、つくり手のもの

読谷山焼北窯・松田共司さんの深皿

小鹿田焼・坂本浩二さんの大皿

出西窯のコバルト皿

やきものに興味を持ち出すと、全国には陶器から磁器まで、じつにたくさんの産地があることに気づく。本や雑誌などで情報を収集し、民藝店や、可能であれば現地まで足を運ぶことで、自分だけのお気に入りが見つかることだろう。

そうなったら次は、その産地の窯元やつくり手の情報を集めてみてはどうだろう。同じ陶土、釉薬、窯から生まれたうつわであっても、つくり手の技術や個性により違いは出る。お店の人に聞けば、とっておきのエピソードも教えてくれるかもしれない。実際に、もやい工藝のお客さんのなかにも、産地ではなく、特定の窯やつくり手のものを求めに来る人も多いのだとか。ちなみにもやい工藝では、読谷山焼北窯の松田共司さん、小鹿田焼の坂本浩二さんのものなどが人気とのこと。入荷してきても、すぐに売り切れるそうだ。

うつわの豆知識

陶器を使い始める前に

陶器は使い始める前にひと手間かけておくと、よりよい状態で長くつきあえる。そのひと手間が、次のふたつの作業。

①高台をなめらかに
最近は高台を紙ヤスリでととのえてから出荷する窯も増えてきたし、購入時に処理してくれるお店も多い。だが、購入後最初に使うときはチェックして、テーブルなどに傷がつかないように高台底を砥石でなめらかにしておくと安心だ。

②米のとぎ汁で煮沸
多孔質の陶器は吸水性があり、料理の汁や油でシミになってしまうこともあるので、米のとぎ汁や塩水に入れて煮沸し、「目止め」をしておくのがおすすめ。鍋に入らない大きなものは、バケツなどに米のとぎ汁を入れ、一昼夜程度ひたしておく方法も。

高台底がざらついていたら砥石でなめらかに。

米のとぎ汁で数分煮沸。陶器は急激な温度変化に弱いので、煮沸後の急冷は避けて。

先生に質問②

良品を見分けるコツって何でしょう？

使う人が直観で美しいと思うものを選ぶのが民藝のうつわの楽しみ方。とはいえせっかくなら、目利きのお眼鏡にもかなう良品を選びたい。そのための極意とは？

《湯呑み》

まずは眺めて楽しいかどうか

縁は割れないようしっかりつくられているか

お茶はゆっくりとくつろいで味わうものなので、うつわも、かたちや装飾、窯変など、眺めていて美しいか、楽しいかが大きな要素になる。具体的には、胴から腰にかけてのフォルムやバランスはどうか、縁は割れないようにしっかりとつくられているか、口あたりを考慮した反りになっているか、などが挙げられる。ひっくり返して、高台の裏がきちんと削れているかも見ておきたい。

《洋皿》

「持ったとき」が考慮されているか

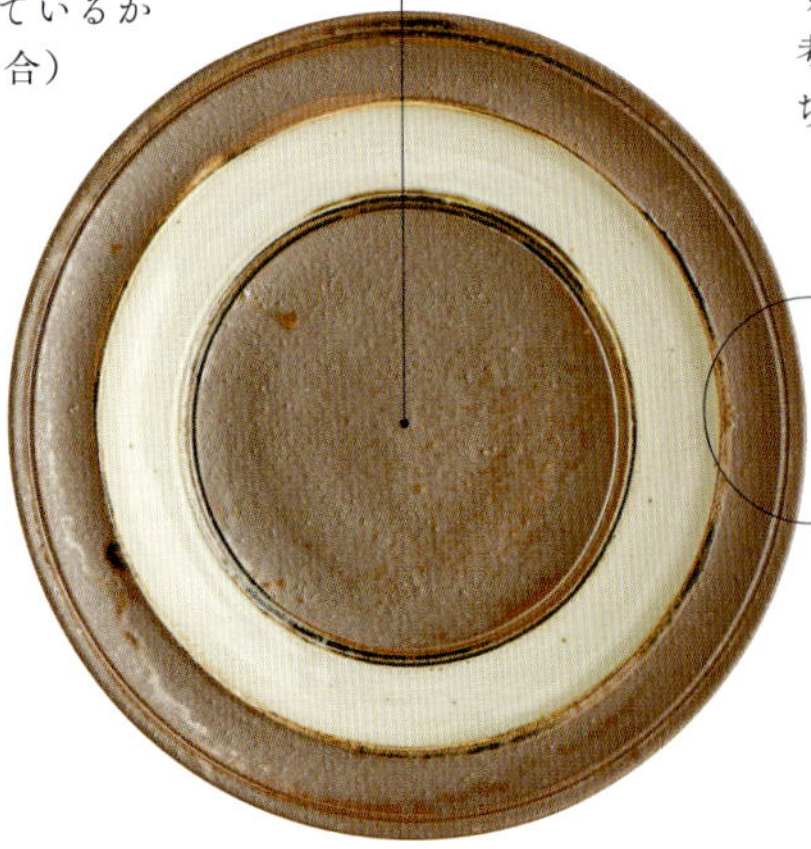
縁を手にしたとき、すべりにくいよう考慮されたかたちになっているか
中央が平らに、汁やソースがたまりにくくつくられているか（平皿の場合）

皿を持ったとき、縁の部分がすべりにくいように考慮されているかどうかが、最初に見なければならないポイント。加えてつくりの面では、中央が平らにつくられているほうが汁やソースがたまらず、料理の味を損なわないのでチェックしておきたいところだ。また、軽ければいいわけではないのだが、洋皿は重ねて収納することが多いため、軽めのほうが傷つきにくく、何かと安心だといえる。

《飯碗》手になじむかたちになっているか

縁の厚みや返しなどの処理が口にしたとき心地よいか
このラインが手になじむか
高台の幅、高さが指にかけやすいか

飯碗はつねに持ち上げて使うので、高台の高さや幅、胴の反り具合が、手になじむかどうかがもっとも大事。性別を問わず、自分の手のひらの大きさに応じて、大きめの男腕、小さめの女腕を選んでもいい。

また、お茶漬けや雑炊などのうつわとして縁に口をあてる機会も多いので、縁の厚みや返しなどの処理が心地よいかどうかもチェック。頻繁に使うものなので、洗ったり、重ねたりしたときに、欠けにくいかどうかも重視したいポイントだ。

《片口》注ぎ口がしっかりつくられているか

持ちやすさを考慮し、縁裏の返しがきちんとつくられているか
①液だれしないかたちになっているか
②簡単にこわれないよう丈夫につくられているか

まず確認したいのは、片口の最大の特徴である注ぎ口のかたち。液だれしないかどうかが一番重要だ。

同時に注ぎ口はにこわれやすい部分でもあるので、つくりも確認。片口や土瓶であれば注ぎ口、飯碗であれば縁の部分など、うつわによってこわれやすい部分が決まっているので、そこを見極めれば、つくり手のレベルがおのずとわかる。持ったときにすべらないように縁の裏の返しがしっかりしているかどうかも、忘れずに見ておきたい。

先生に質問③

どんなうつわを使ってますか？

松田さんのマカイを手にしてその来歴や惹かれるポイントを語る久野さん。

自ら「販売者であると同時にコレクターでもある」と語る久野さんが、普段どんなうつわを使っているのかも気になるところ。数あるお気に入りの一部を見せてもらった。

最初に出てきたのは、読谷山焼北窯の松田共司さんのマカイ（飯碗）。久野さんオリジナルの一品だ。青地釉と呉須を中心に飴釉でアクセントをつけた絵付けが躍動感にあふれている。高台裏の釉薬が掛かっていない部分が緋色になっているが、これは登り窯である何よりの証拠。沖縄の陶土は登り窯で焼いてこそ、魅力があらわれるという。「この小ぶりなマカイにごはん2杯がちょうどいい」と笑う、久野さんの日々の愛用品だ。

次に出てきたのが、温泉津焼の森山雅夫さんの縁付き平皿。瑠璃釉による深いブルーが美しい。温泉津焼では、壺や甕など大物の貯蔵用の容器に向く石見の陶土が使われるが、その土質ゆえに基本的にうつわ、とくに平皿づくりには適さない。しか

森山さんが久野さんの依頼ではじめてつくった洋皿。

読谷山焼北窯の松田共司さんによる久野さんオリジナルマカイ。

し、高い技術を持つ森山さんなら、と久野さんがピューター（錫の合金）の洋皿を持ち込み、試行錯誤のすえに完成したものだ。石見の陶土でろくろを挽いてこの皿を制作した森山さんの技術に、久野さんの師匠の鈴木繁男も驚いたとか。久野さんは、もう20年以上メインディッシュ用として使っているが、照りやにじみがおさえられ、じょじょに色合いがよくなってきたそう。

　さらに久野さんが両手に持ってきたのは、息子のようにかわいがっている小鹿田焼のふたりの陶工の若い頃のもの。青地釉のゴブレットは、いまや日本を代表する陶工に成長した坂本浩二さんが、20年ほど前に結婚式の引出物として受けた注文品。まだ訓練度が低く、品質にバラツキが見られたが、若さゆえの粗野な魅力があるという。もうひとつのぐい呑みは、黒木昌伸さん。知り合ったばかりの頃に注文した切立のぐい呑みだが、下手なりにも、素朴な釉薬の流し掛けにセンスを感じたという。その黒木さんも、いまでは現代の暮らしに合ううつわをつくらせたら、小鹿田焼でも随一。久野さんにとって、その思い出とともに大切なうつわである。

　最後に登場したのは、ふたたび森山さん。久野さんが松本民藝家具の創始者である池田三四郎から借りた瀬戸焼の古い片口を、森山さんに再現してもらったものだ。持ちやすさや注ぎ口など、その出来映えは、まさに一級品と呼ぶにふさわしい。久野さんは日本酒を飲むときに愛用するそうで、3合はたっぷり入るとか……。

　久野さんの愛用品を並べてみると、小鹿田焼のふたりの若い頃のものなど、必ずしもつくりが上手なものだけを選んでいるとは限らない。そこには、何かしら感じるものがあるようだ。

「自分がいいと思うものを選んで使えばいい」

　そんな単純なことを教えてくれているように思う。

池田三四郎に借りた瀬戸焼を森山さんが再現した片口。

左から坂本浩二さんのゴブレットと黒木昌伸さんのぐい呑み。

民藝のある食卓

〝健やかな美〞を味わううつわと料理

《春》

料理とレシピ　爲後左依

小鹿田焼×新じゃがのうま煮

世の中が胎動し始める春の勢いが感じられる
飛び鉋の大皿に、素材のうまみを皮ごととじこめた
新じゃがを豪快に盛り付けて。

【つくり方】

①新じゃがは皮ごと洗って水気を切り、160℃の油で10分ほど揚げる。
②鶏もも肉はひと口大に切り、にんじんは乱切りにする。スナップえんどうは色よくゆでておく。
③鍋に①の新じゃが、鶏もも肉、にんじんを入れ、中火でさっと炒める。
④だし汁を加え中火で10分ほど煮た後に、砂糖、みりん、醤油を加える。さらに10～15分ほど煮て、煮汁が1/3ぐらいになったら火を止める。
⑤うつわに盛り、仕上げにスナップえんどうを散らす。

【ポイント】

皮の薄い新じゃがをまるごと調理することで、うまみと栄養をのがさずいただきます。素揚げにすることで、水分もほどよく抜けてほくほくに。新じゃがならではのいい香りも漂います。

【材料（2人分）】

・新じゃが…260g
・鶏もも肉…160g
・にんじん…50g
・スナップえんどう…4本
・だし汁…300ml
・砂糖…大さじ1
・みりん…大さじ1
・濃口醤油…大さじ1
・揚げ油

益子焼×春色オムライス

益子らしい柿釉の皿に、
やわらかな半熟卵をのせたオムライスを。
彩りの仕上げには早春の味、菜の花をコーディネート。

【つくり方】

〈ケチャップライスをつくる〉

①玉ねぎはみじん切りにし、ソーセージは小口切りにする。菜の花はゆでて食べやすい大きさに切る。

②えんどう豆はさやから出し、塩を加えた熱湯で5分ゆで、水にさらしてゆっくり冷ます。

③フライパンにサラダ油とバターを入れて中火にかけ、玉ねぎ、ソーセージを炒め、玉ねぎがしんなりしたらごはんも加えて炒める。

④フライパンにすきまをあけてケチャップ、トマトピューレを入れて炒めてから、全体に混ぜる。なじんだら塩、こしょうで味をととのえる。えんどう豆も加えて混ぜたら火を止め、ひとり分ずつ皿に盛る。

〈半熟卵をつくる〉

⑤卵は割りほぐし、牛乳、塩、こしょうを加えて混ぜる。フライパンにサラダ油を入れて中火にかける。溶き卵を流し込み、さいばしで大きくかき混ぜて半熟卵に仕上げる。

⑥④のごはんに⑤の卵を半分ずつのせ、菜の花を添える。

【ポイント】

ケチャップにトマトピューレを加えることですっきりした味に。ケチャップやトマトピューレは少し炒めることで、香り、色、味が引き立ちます。旬のえんどう豆は、やわらかく風味のよいさやつきのものを。

【材料（2人分）】

〈ケチャップライス〉
- ごはん…360g
- 玉ねぎ…100g
- ソーセージ…3本
- えんどう豆（さやつき）…80g
- ケチャップ…大さじ1と1/2
- トマトピューレ…大さじ1と1/2
- 塩、こしょう…適宜
- サラダ油…小さじ1
- バター…小さじ1

〈半熟卵〉
- 卵…4個
- 牛乳…大さじ1
- 塩、こしょう…適宜
- サラダ油…小さじ1

〈トッピング〉
- 菜の花…4本

北窯×トマトとクリームチーズのサラダ

沖縄の盛夏をイメージさせる明るく健やかな絵皿に、大ぶりにカットしたトマトとチーズをシンプルに、大胆に。瑞々しさいっぱいの一品。

【つくり方】

①トマトは大きめのざく切りにし、クリームチーズはひと口大に切る。青じそは千切りにする。

②ドレッシングをつくる。玉ねぎはみじん切りにし、水にさらしておく。ボウルにⓐを混ぜ合わせ、少しずつオリーブオイルとサラダ油を加えていく。水気を切った玉ねぎを加える。

③①のトマトとクリームチーズを皿に盛り、②のドレッシングをかけて青じそを散らす。

【ポイント】

ドレッシングの基本は油3に対し酢1ですが、少し油っぽいので油2に対し酢1に。隠し味の砂糖が酸味をまろやかにしてくれます。

【材料（2人分）】

・トマト…2個
・クリームチーズ…30g
・青じそ…4枚

（ドレッシング）

・玉ねぎ…40g
・オリーブオイル…大さじ1
・サラダ油…大さじ1

ⓐ
塩、こしょう…適宜
砂糖…少々
マスタード…少々
酢…大さじ1

因州中井窯×キンパ（韓国風海苔巻き）

モノトーンの染め分け皿に、黄、橙、緑などの栄養と彩りのバランスが絶妙な五味五色の食材を巻いたキンパを。見て、食べて美しく。

【つくり方】
①ごはんに塩とごま油を混ぜておく。
②にんじんは3㎝長さの千切りにして塩少々（分量外）をまぶしておく。水気を切って、ごま油少々（分量外）をしいたフライパンでさっと炒める。
③ほうれん草は色よくゆでて塩、ごま油各少々（分量外）で下味をつけておく。
④たくあんは3㎝長さの千切りに、かにかまぼこは縦半分に裂く。
⑤牛ひき肉にⓐを混ぜて熱したフライパンに入れ、中火でひき肉に火が通るまで炒める。
⑥海苔に1/4ほど余白を残し、ごはんを広げる。その上に②〜⑤の具材を彩りよく並べて、まきすで巻く。

【ポイント】
にんじんやほうれん草は、油と一緒に摂ることでベータカロテン（ビタミンA）の吸収率が高まります。塩分も日本の巻きずしの半分程度なので、ぐっとひかえめです。

【材料（2人分）】
・ごはん…320g
・塩…小さじ1/5
・ごま油…少々
・海苔…2枚
・にんじん…40g
・ほうれん草…100g
・たくあん…30g
・かにかまぼこ…4本
・牛ひき肉…50g

ⓐ
醤油…小さじ1
砂糖…小さじ1
おろしにんにく…少々
ごま油…小さじ1/2

湯町窯×きのことマカロニのグラタン

ぬくもりが恋しくなる季節。エッグベーカーを
ひとまわり大きくしたその名もハムエッグベーカーで、
秋の味覚がたっぷり入ったグラタンを。

【つくり方】

①マカロニは塩を加えた熱湯で、規定の時間ゆでておく。

②ベーコンは1cm角に切る。玉ねぎは3cm長さの薄切りにする。しめじは小房に分け、マッシュルームは5mm厚さの薄切りにしておく。

③フライパンにサラダ油を入れて中火にかけ、ベーコン、玉ねぎを炒め、しめじ、マッシュルームを加えてさっと炒めて塩、こしょうで味をととのえる。ゆでた①のマカロニも加える。

④ホワイトソースをつくる。鍋にバターを入れて弱火にかけ、バターが溶けたら薄力粉を加えて木べらで混ぜながら炒める。泡立ったような状態から、サラサラになるまで炒めたら、一度火を止める。

⑤④にブイヨン、牛乳を少しずつ加え、混ぜながら加熱していく。最後に塩、こしょうで味をととのえる。

⑥③にホワイトソースの1/3量を混ぜ合わせ、ハムエッグベーカーに入れる。上から残りのホワイトソースをかけ、チーズをのせてオーブントースターで5～10分程度、表面に焼き色がつくまで焼く。仕上げにパセリのみじん切りを散らす。

【ポイント】
ホワイトソースの基本の割合は薄力粉1対水分（牛乳、ブイヨン）10程度ですが、1対16の割合に。出来上がりはサラサラですが、これが冷めてもかたくなりすぎず、最後のひと口までおいしく食べられる秘訣です。

【材料（2人分）】
・マカロニ…50g
・ベーコン…2枚
・玉ねぎ…50g
・しめじ…50g
・マッシュルーム…3個
・サラダ油…適宜
・塩、こしょう…適宜

（ホワイトソース）
・バター…20g
・薄力粉…20g
・ブイヨン…80ml
・牛乳…240ml
・塩、こしょう…適宜
・チーズ…60g
・パセリのみじん切り…適宜

《秋》

出西窯×かぼちゃのプリン

飴色の皿にかぼちゃのオレンジ、カラメルのブラウン。
同系色のトーンでまとめられた、
豊潤な秋の実りを実感できるスイーツを。

【つくり方】

①カラメルソースをつくる。小鍋に砂糖、水を入れて中火にかけて混ぜずに加熱し、きつね色になったら火からおろし、型に流し入れそのまま冷ましておく。

②かぼちゃは種を取って適当な大きさに切り、蒸す、または電子レンジで加熱する（電子レンジの場合、600Wで4分程度）。火が通ったら皮を取り分けておく。果肉は裏ごしする。

③裏ごしした果肉にⓐを加え、泡立て器で混ぜ合わせる。

④③を型に流し入れ、熱湯をはった天板にのせて160℃に予熱したオーブンで40～50分焼く。

⑤オーブンから取り出して冷ました後、冷蔵庫で半日ほど冷やす。

⑥②で取り分けたかぼちゃの皮をすりつぶして丸め、つまようじなどで型をつけてトッピング用の小さなかぼちゃをつくる。

⑦プリンを型から取り出し、皿に盛る。型からプリンを抜くときは、底の部分を湯であたためてカラメルソースを少し溶かすと取り出しやすくなる。

【ポイント】

カラメルソースをつくるとき、砂糖と水を混ぜてしまうと結晶化してカラメルにならないので要注意。加熱の際、余熱を考えて少し早めに火を止めるのもポイントです。かぼちゃは残った皮まで食べられます。

【材料（18㎝丸型）】

・かぼちゃ…350g

ⓐ
卵…2個
卵黄…2個分
砂糖…80g
牛乳…250㎖
生クリーム…50㎖
バニラエッセンス…少々
ラム酒…小さじ2

（カラメルソース）
・砂糖…75g
・水…大さじ1

瀬戸焼×ふろふき大根

独楽紋様の鉢には、昆布とかつおでほんのり色づいた、まあるいふろふき大根を。ふわっとかけられた味噌と柚子の香りが食欲をそそる冬の食卓の定番。

【つくり方】

①大根は輪切りにし、臭みをおさえるために下ゆでしておく。ゆで終わったら水にさらす。

②鍋に昆布をしき大根を入れて、かぶるくらいの水を加えてやわらかくなるまで弱火で煮る。

③キッチンペーパーなどで包んだかつお節を加えてさらに2~3分煮る（追いがつおをする）。火を止め、かつお節を入れたまま冷ます。

④玉みそをつくる。卵黄以外の材料を鍋に入れて混ぜ合わせ、弱火で煮る。いったん火を止めて卵黄を加えて混ぜ、再び火にかけ卵に熱が入り過ぎてモロモロにならないようにごく弱火で加熱する。

⑤③の大根をあたためうつわに盛る。④の玉味噌を上からかけ、千切りにした柚子の皮を添える。

【ポイント】

ふろふき大根のだしは昆布だけの場合も多いのですが、かつおを合わせることで、昆布のグルタミン酸とかつおのイノシン酸という2種類のうまみが合わさりさらにおいしく。

【材料（2人分）】

・大根…200g
・柚子…少々
・昆布…5㎝角1枚
・かつお節…5g

（玉みそ）

・みそ…50g
・みりん…小さじ2
・酒…小さじ1
・砂糖…大さじ1
・卵黄…1/3個分

≪冬≫

石見焼×鶏のロートロローズマリー風味

とろんとした風合いのホワイトグレーのプレートに、鶏のロートロと温野菜のメインディッシュを。たとえば、聖なる夜、シャンパーニュとともに。

【つくり方】

①鶏もも肉に軽く塩をして（分量内）、冷蔵庫で約30分置き、水気をふき取る。これにより鶏の臭みがなくなり、皮目もパリッと焼き上がる。

②残りの塩、こしょうをし、皮目が外側になるように巻き、タコ糸でしばっておく。

③フライパンににんにくのスライスとオリーブオイルを熱し、鶏もも肉の皮目に焼き色をつけるように焼き、ローズマリーも加えてふたをして弱火で10分程度焼く。竹串などを刺してみて、透明な肉汁が出たら焼き上がりのサイン。焼き上がったらホイルなどで包み、少し肉を休ませておく。

④にんじんは1㎝の輪切りに、小カブはくし切りに、ブロッコリーは小房に分け、水、塩、昆布を合わせたところに5〜10分つけておく。

⑤④の野菜をつけ汁から取り出し、やわらかくなるまで蒸す。

⑥焼き上がった鶏肉は2㎝の厚さに切り分け、⑤の野菜とともに皿に盛る。仕上げにオリーブオイルと粗塩（分量外）を添える。

【ポイント】

皮目を外側にして巻くことで皮はパリパリに。中は蒸し焼き状態になるので、ジューシーに仕上がります。焼き上がり後に肉を休ませることで、肉汁が外に出過ぎるのを防ぎます。蒸し野菜は、昆布と塩が入った水につけておくことで、野菜のうまみが引き立ちます。

【材料（2人分）】

・鶏もも肉…240g
（鶏肉味つけ用）
塩…小さじ1/3
こしょう…少々
・オリーブオイル…小さじ2
・スライスにんにく…5枚
・ローズマリー…1/2枝
・にんじん…60g
・ブロッコリー…60g
・小カブ…1個
（野菜下味用）
水…200㎖
塩…小さじ1/2
昆布…4㎝角

産地の味を、うつわに盛って。

窯場あるところに、うまいものあり。
40年間全国の窯場をまわってきた久野さんに、
とっておきの味を教わりました。

本書の監修者・久野恵一さんは、現在は鎌倉にある「もやい工藝」という工芸店を1972年にはじめ、以来40年にわたり民藝ひと筋。各地の窯場をめぐっては仕入れをし、時代に合わせたものづくりをアドバイス。はたまた失われつつある技術を守る職人がいると聞けば、調査に向かい……そうして一年の多くを民藝品の産地とつくり手を訪ねる旅に明け暮れてきた。

そんな生粋の旅人でもある久野さんは、無類のおいしいもの好きでもある。ほとんどの場所へ車で赴く旅の途上では、つねにアンテナをはりめぐらせ、ピンときたらすかさずチェック。長年の経験で磨き抜かれた嗅覚で、その土地ならではの極上の味を探しあててしまう。

そこで全国の窯場を渡り歩く久野さんの「おいしいものライブラリー」から、窯場の近くで見つけたとっておきの味を教えてもらった。

土地ならではの素材や伝統を生かしてていねいにつくられる味を、同じ地域の材料でていねいにつくられた民藝のうつわに盛って。

※地方発送可能な商品は、別途送料がかかります。

《秋田・元祖さなづら本舗 福寿》

——天然山ぶどうの果汁たっぷり

さなづら

山ぶどうを意味する秋田の方言「さなづら」を名前にもつ、まさに山ぶどうの果汁をそのままかためたようなお菓子。甘酸っぱい風味がとても上品で、疲労回復などに効くポリフェノールも豊富なのだとか。久野さんが楢岡焼の窯を訪ねたときのお土産の定番にしているみちのくの味だ。

住所　仙北市角館町岩瀬町44番地56
電話　0187-54-1122
営業時間　8時～19時
定休日　無休
sanadura.com

さなづらは10枚入り1050円（税込）。山ぶどう果汁の羊羹のようなさなづら日記（8個入り1680円）も美味。ウェブサイトでも購入可。

《栃木・赤羽まんぢう本舗》

——濱田庄司も愛した益子のおやつ

赤羽まんぢう

濱田庄司が大好きで、上京する際の手土産にしていたというおまんじゅう。薄く、しっとりした皮の中には、地元産の小豆でつくられるほどよい甘さのあんがたっぷり。黒糖の香り豊かなこしあん入りの黒糖、ゆずが香る白あん入りのゆず、粒を残した素朴な味わいの白あんと、3つの味がある。

住所　栃木県芳賀郡益子町2910
電話　0285-72-3153
営業時間　8時～19時
定休日　月曜日

パッケージの「赤羽まんぢう」のロゴも味わい深いおまんじゅうは、3種類いずれも1個84円（税込）。地方発送可。

《秋田・嶋田ハム》

——東北で発見！本場の味

ドイツソーセージ

かつて楢岡焼の窯元を訪ねた際、「釉薬に桜の燻製チップの灰を使ったがうまくいかなかった」という話を聞いた久野さん。「これはソーセージ屋があるな」と思っていると、酒席にこのソーセージが登場。一度で気に入ってしまったそう。本場ドイツ仕込みの伝統的製法にこだわる手づくりの逸品だ。

住所　大仙市若竹町26-23
電話　0187-62-3278
営業時間　11時～21時
定休日　月曜日
www.shimadaham.co.jp

30種以上のスパイスが使われるスパイシーなソーセージ。定番のポークは150g入りで550円（税込）ウェブサイトからも購入可。

《愛知・大口屋》

——山帰来の香りもおいしい尾張名物

餡《あん》麩《ぷ》三《さん》喜《き》羅《ら》

「麩まんじゅうが好きで全国各地で食べているけれど、ここのは随一」と久野さんが絶賛する麩まんじゅう。文政元年創業という老舗がつくる、尾張名物だ。さっぱりした甘さのこしあんをもっちり生麩で包んだ繊細な味。丸くかわいらしい山帰来の葉の塩漬けも、やさしい香りを添えている。

住所　江南市布袋町中67（布袋本店）
電話　0120-00-9781（通販受付）
営業時間　9時～17時
定休日　1月1日
www.ooguchiya.co.jp

名前の由来にもなった山帰来は別名サルトリイバラ。餡麩三喜羅は6個入り861円（税込・通販価格）。ウェブサイトからも購入可。

《三重・伊賀の里モクモク手づくりファーム》
——一貫生産だから安心・おいしい

炭火焼バラ焼豚

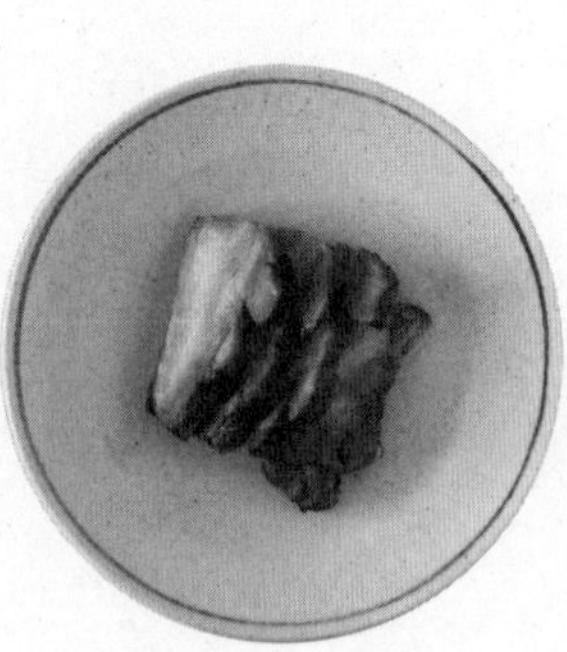

久野さんが伊賀丸柱を訪ねる途上で立ち寄るという「モクモク手づくりファーム」は、安心・安全・おいしい農産物の生産から加工までを行うファクトリーファーム。さまざまな製品の中でも久野さんのイチ押しが、豚バラ肉の焼豚。甘い脂身と赤身のバランスが絶妙な、ジューシー、リッチな味わいだ。

伊賀秘伝のたれに1週間漬け込み炭火焼きしたという焼豚は1本880円（税込）。ファームのネットショップからも購入できる。

住所　伊賀市西湯舟３６０９
電話　０５９５－43－０９０９
営業時間　９時30分～20時（モクモクショップ）
定休日　第２水曜日（３月15日～11月※変動あり）
www.moku-moku.com

《鳥取・西根鮮魚店》
——意外と知られていない鳥取名物

ハタハタの一夜干し

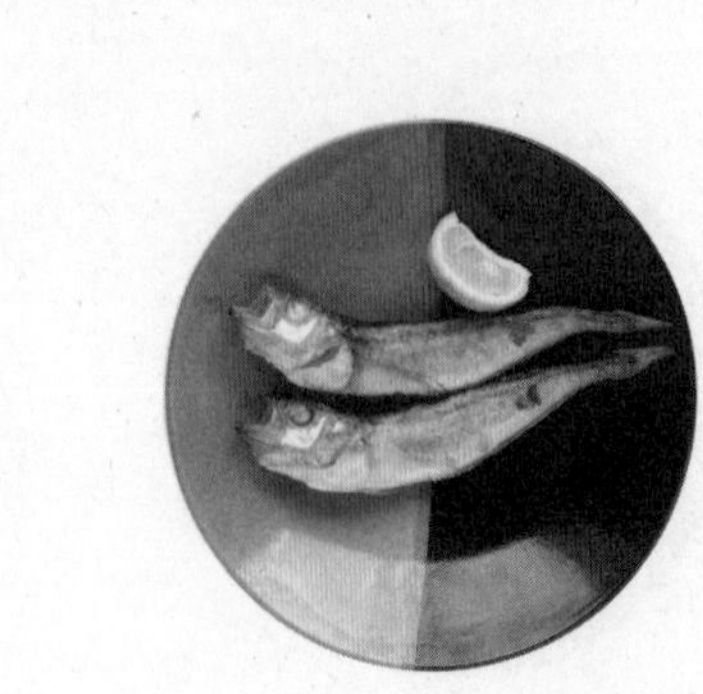

ハタハタといえば秋田名物と思いがちだが、じつは鳥取も日本海屈指の漁獲量を誇るのだとか。そんな鳥取で久野さんがいつも食べるという、西根鮮魚店のハタハタの一夜干し。「しょっつる鍋よりずっとうまい」と賞賛される一夜干しはほどよく塩がきき、身は脂がのってぷりぷり。２、３尾はぺろりといける。

ハタハタの水揚げ時期は９月～５月ごろで、１尾100～250円程度。焼く前の薬の串に刺さった状態も楽しい。地方発送可。

住所　鳥取市永楽温泉町２６３（駅前食品市場内）
電話　０８５７－23－２７９７
営業時間　８時～18時30分
定休日　水曜日
www.ekimaeichiba.net（鳥取駅前食品市場）

《兵庫・肉のマルセ》
——三田マルセ牛を使った極上おかず

特選しぐれ煮

「店の近くに牧場があり、そこで育ったブランド牛の肉はもちろん惣菜もおいしい」と久野さんが語る精肉店・肉のマルセ。日持ちするお土産が欲しいときは、しぐれ煮を選ぶそう。上質な牛と地元丹波産の山椒を使った風味豊かなしぐれ煮は、ごはんにもお酒にも。牛肉専門店ならではの極上惣菜だ。

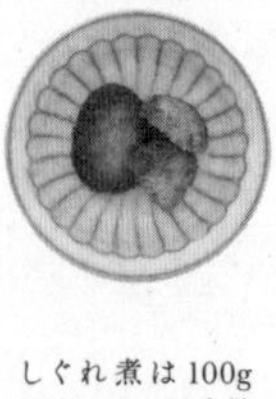

しぐれ煮は100g入り1050円（税込）。ほかにコロッケ（10個入り730円）もおすすめとのこと。いずれもウェブサイトから購入可。

住所　三田市下相野３０６－３（本店）
電話　０７９－５６８－０２９８
営業時間　９時～19時
定休日　火曜日
www.maruse.biz

《鳥取・前田商店》
——素材にこだわる鳥取伝統のねりもの

とうふちくわ・あごちくわ

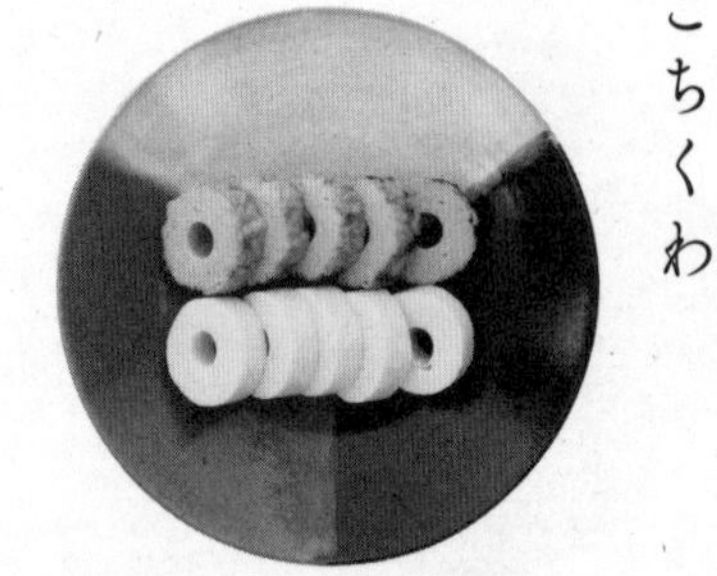

「鳥取らしい食べもの」として久野さんがすすめてくれたのが２種類のちくわ。「とうふちくわ」は自社生産のとうふと魚のすり身でつくられる、しっとりやわらか、上品な味。「あごちくわ」は新鮮な飛魚（あご）の風味と焼き目の香ばしさが生きた野趣に富む味。好対照のおいしさだ。

煮込むと出るだしもおいしいというあごちくわ（左）は１本400円(税込)。とうふちくわは１本160円（税込）。地方発送可。

住所　鳥取市福部町海士20－1
電話　０８５７－74－３２１１
営業時間　９時～17時30分
定休日　１月１日

《島根・小田川かまぼこ店》

——150年の伝統をもつ老舗の味

あご野焼

久野さんが出雲の窯元を訪れるときの定番土産となっているのが、あご野焼。新鮮なあご（飛魚）を昔ながらの石臼製法ですり身にし、7割以上使用しているというねりものは、あごの風味も歯ごたえも、強く、しっかり。出雲大社参拝の土産物として親しまれてきたという、伝統の味。

住所　出雲市大社町杵築南1076－1
電話　0853－53－2028
営業時間　8時～19時
定休日　水曜日
www.tokusen.info/suisan2/odagawa

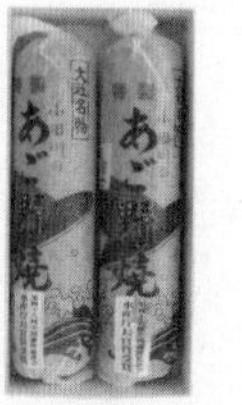

1本500gという豪快さもうれしいあご野焼は1本924円（税込）。地元ではお茶請けとしても親しまれているそう。地方発送可。

《愛媛・西岡菓子舗》

——復活した松山の名菓

つるの子

久野さんが砥部焼の梅山窯を訪れたときのお土産にするという「つるの子」。卵形の美しいお菓子は、とろりと濃厚な黄身餡が淡雪のようなふわふわの皮に包まれた、やさしい味わい。店主の西岡さんがかつて修行した和菓子店の味を復活し、厳選素材・少量生産で守るお店の看板商品だ。

住所　松山市道後一万9－56
電話　089－925－5642
営業時間　9時～17時
定休日　日曜日
www.d.pikara.ne.jp/brown-sugar/

箱の中に整然と並ぶ様子もなんともかわいいつるの子は1個130円。夏には冷凍するとひと味違うおいしさを楽しめる。地方発送可。

《島根・海士乃塩御司所》

——手仕事にこだわる隠岐の塩

海士乃塩

隠岐・海士町沖のミネラル豊富な海水を原料に、地元の薪を使った釜炊き、天日干しなど、手仕事にこだわった製法でつくられる塩。まずはおにぎりで味わいたいおいしさだ。その味にほれ込み、久野さんが塩分に強く防湿性も高い石見焼の陶土を生かした塩壺をプロデュースした町の名産品。

住所　島根県隠岐郡海士町福井1365－5
電話　08514－2－1244
www.shimakazelife.com（通販サイト）

その清浄さから隠岐神社への奉納品にも選ばれているという海士乃塩は100g入り400円（税込）。ウェブサイトからも購入可。

《福岡・三隅製麺工場》

——「料亭の味」がわが家で手軽に

三隅のあご入りだし

だしにつみれを入れて軽く煮れば、つみれ汁が完成。

小石原焼の窯場にほど近い秋月にある製麺会社の商品ながら、口コミでファンを増やしてきたというあご（飛魚）のだし。久野さんのまわりでも「お金を出すから買ってきてと頼まれる」というほどの人気で、煮物などに使うと抜群だそう。かつおや昆布とはひと味違う、上品なうまみを堪能できる。

住所　朝倉市秋月310
電話　0946－25－0111
営業時間　8時～17時
定休日　日曜日（土曜日不定休）
www.e-akizuki.com

煮出すだけで味つけいらずのティーバッグタイプ。便利なあご入りだしは8g×18個入りで1050円（税込）。地方発送可。

《熊本・塩山食品》

——南関町伝統の便利な保存食

南関あげ

戻したあげとわかめをあえて、酢の物に。

湯通しするととたんにふんわり、もっちりの油揚げに変身。写真は小サイズで11×11cmが3枚入って130円（税込）。地方発送可。

軽い・日持ちする・値段が手頃・おいしい・めずらしいとお土産にぴったりな要素を兼ね備えた熊本名物「南関あげ」は、久野さんが小代焼の窯を訪ねるときの定番土産。湯通しし戻して使うもよし、煮物や鍋物にそのままパリパリ割り入れて使うもよし。これぞ料理の名脇役。

住所　熊本県玉名郡南関町小原32－2
電話　0120－20－1134
営業時間　8時～17時
定休日　日曜日
shioyamasyokuhin.co.jp

《沖縄・みそ工房キヨ》

——「クンチ」は沖縄方言で〝健康・持久力〟

キヨおばぁのクンチみそ

ディップをつくれば野菜もみそもたっぷり味わえる。

クンチみそは800g・1200円（税込）。生麹、国産大豆、大麦、エンドウ豆、世界一の塩など厳選素材のみを使用した調合みそだ。

キヨおばぁこと上里キヨさんは、現代の食の乱れとそこからくる健康力の低下に大きな危惧を抱き、本当に体にいい食品をつくろうと決意。その後研究を重ね、生み出されたのがこのみそ。久野さんが絶品と太鼓判を押す逸品だ。生麹を使用した〝生きたみそ〟には血液を浄化する作用もあるそう。

住所　沖縄県中頭郡読谷村喜名430－5
電話　098－958－0901
営業時間　売切れの場合もあるので事前予約がおすすめ
定休日　不定休

《鹿児島・西元照清商店》

——桜島特産・師走の風物詩

桜島小みかん

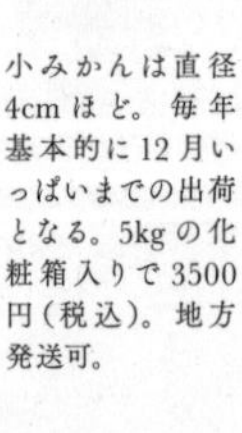

小みかんは直径4cmほど。毎年基本的に12月いっぱいまでの出荷となる。5kgの化粧箱入りで3500円（税込）。地方発送可。

久野さんが30年来お歳暮の御用達にしているという、桜島小みかん。お正月飾りにぴったりの小ぶりなみかんは12月を中心とする季節限定の味だ。生産農家でもある西元さんが丹誠込めて育てたみかんは、かわいいだけでなく甘みも濃厚。作柄によらずつねに一定という良心価格もうれしい。

住所　鹿児島市桜島藤野町915
電話　099－293－2029
営業時間　8時～18時
定休日　日曜日

《沖縄・なみ食》

——寿子さんがつくる沖縄の定番おやつ

紅芋アンダギー「紅寿」

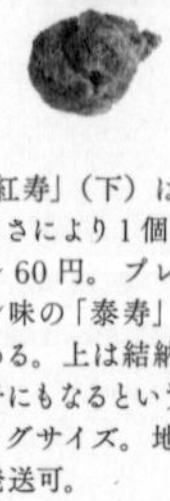

「紅寿」（下）は大きさにより1個40～60円。プレーン味の「泰寿」もある。上は結納菓子にもなるというビッグサイズ。地方発送可。

「サーターアンダギーがおいしい店はたくさんあるけど、この食堂のは日にちがたってもおいしい。外はカリカリ、中は紅芋が入ることでよりしっとりしているのがミソ」と久野さんが語る「なみ食」の紅芋アンダギー。紅芋の〝紅〟と店主である波平寿子さんの名前の〝寿〟を名前にもつお店の名物だ。

住所　沖縄県中頭郡読谷村字大木326－9
電話　098－957－0233
営業時間　11時～22時
定休日　年中無休

民藝のうつわに会える場所

うつわの歴史をものでたどりたい、よいものを見る目を養いたいなどと思ったら、まず訪ねたいのが各地のミュージアム。地域ごとの特色の違いも大きなみどころだ。

日本民藝館本館。洋風の意匠も取り入れた大きな蔵のような建物は、柳宗悦が中心となって設計した。

日本民藝館

民藝運動の本拠地として、柳宗悦が中心となり1936（昭和11）年に開館。ものの美しさとじかに向き合えるようあえて説明を最小限にとどめる展示スタイルは、後に続く各地の民藝館にも踏襲されている。約1万7000点の収蔵品の多くは柳が見出した国内外の工芸品で、陶磁器、染織、木工、漆工など多岐にわたる。2007（平成18）年には栃木県から移築された長屋門（柳の旧邸）が修復され（毎月第2、第3水曜・土曜のみの公開）、彼が提唱した「美の生活化」を実践した暮らしの風景も垣間みることができる。

陶磁器では、日本の古陶磁や朝鮮時代の陶磁器、英国の古陶であるスリップウエア、そしてバーナード・リーチ、濱田庄司、河井寛次郎ら民藝運動に参加した作家たちの作品が充実している。

住　所　東京都目黒区駒場4－3－33
電　話　03－3467－4527
開館時間　10時～17時（入館受付～16時30分）
休　館　月曜（祝日は開館、翌日休館）、展示替期間
www.mingeikan.or.jp

写真　中段・麦藁手碗（むぎわらでわん）／瀬戸／江戸時代（19世紀）日本民藝館蔵
下段・正面玄関。黒光りする大きな階段や季節の展示品が来館者を最初に迎えてくれる。

益子参考館

写真　上段・参考館の玄関長屋門。濱田自筆の題字がかかる。
下段・企画展示室。年に2～3回企画展が行われる。

益子を拠点としていた陶芸家・濱田庄司の自邸や工房を活用し、濱田の作品、および彼が世界各地で蒐集した工芸品を公開している。陶磁器、漆器から家具や染織品にまでおよぶさまざまな蒐集品は、濱田が「負け」を認めた証として購入し、手元において制作の参考にしたものだという。東日本大震災によって大きな被害を受けたが、再建基金が設立され、完全再建を目指して募金活動も行われている。

住　所　栃木県芳賀郡益子町益子3388
電　話　0285－72－5300
開館時間　9時30分～17時（入館受付～16時30分）
休　館　月曜日（祝日は開館、翌日休館）、年末年始、展示替期間
www.mashiko-sankokan.net

松本民芸館

松本市内で工芸店を営んでいた民藝研究家・丸山太郎（1909－85）が蒐集品公開の場として1962（昭和32）年に開館。約8000点の収蔵品から800点ほどが常設・企画展示されている。収蔵品は長野県内を含む日本各地に加え中国、韓国、メキシコといった世界の陶磁器などの民藝品。

住所　長野県松本市里山辺1313－1
電話　0263－33－1569
開館時間　9時～17時（入館受付～16時30分）
休館日　月曜日（祝日は開館、翌日休館）、年末年始
www.matsu-haku.com

豊田市民芸館

1983（昭和58）年、日本民藝館の改築に伴い一部を移築して開館。敷地内には衣食住それぞれをテーマとする3つの民芸館、復元され使用可能な穴窯、土蔵、茶室「勘桜亭」、そして古陶磁研究家の故・本多静雄が寄贈した猿投古窯と古瀬戸のコレクションを展示する陶芸資料館もある。

住所　愛知県豊田市平戸橋町波岩86－100
電話　0565－45－4039
開館時間　9時～17時（入館受付～16時30分）
休館日　月曜日（祝日は開館、翌日休館）、年末年始
www.mingeikan.toyota.aichi.jp

日下部民藝館

商家として栄えた日下部家が明治初期に建造し、明治建築としてはじめて国の重要文化財に指定された邸宅を、往時の暮らしぶりを伝える生活用具とともに公開。主家では江戸後期～明治期の生活用具、別棟の文庫倉では飛騨の古陶磁などの民藝品が展示されている。収蔵品は約５０００点。

住所　岐阜県高山市大新町１－52
電話　0577－32－0072
開館時間　９時～16時30分（３～11月）、９時～16時（12～２月）
休館日　無休（３～11月）、火曜（12～２月）
www.kusakabe-mingeikan.com

河井寛次郎記念館

京都を拠点に生涯一陶工として活動した河井寛次郎の自宅兼工房、登り窯を公開。自ら設計を手がけた家のほか、室内にさりげなく配置された愛用の家具や調度品も多くは河井自身のデザイン。「暮しが仕事、仕事が暮し」という言葉を残した河井の創作と生活に通底する美意識を体感できる。

住所　京都府京都市東山区五条坂鐘鋳町５６９
電話　０７５－５６１－３５８５
開館時間　10時～17時（入館受付～16時30分）
休館日　月曜（祝日は開館、翌日休館）、夏期、年末年始
ww.kanjiro.jp

富山市民俗民芸村陶芸館

豪農の住宅の一部を移築し、中世から現代までの全国各地の民窯の陶磁器を展示。収蔵品は約５５０点で、常設展示は１００点ほど。同じ民俗民芸村内には、飛騨高山から移築した板蔵を使用した民芸館や地域の伝統様式である合掌造りの住宅を移築した民芸合掌館などの施設もある。

住所　富山県富山市安養坊50
電話　０７６－４３３－８６１０
開館時間　９時～17時（入館受付～16時30）
休館日　年末年始
www.city.toyama.toyama.jp/etc/minzokumingei

京都民芸資料館

１９８１（昭和56）年、京都民藝協会の会員有志が協力して開館。明治時代に建てられた民家の土蔵を滋賀から移築した建物に、日本を中心とするアジア各地の陶磁器、染織、木工などを展示している。繊維産業が盛んな土地ということもあり、とくに染織品が豊富。収蔵品は約１５００点。

住所　京都府京都市左京区岩倉幡枝町28－７
電話　０７５－７２２－６８８５
開館時間　10時～16時30分
休館日　第３日曜のみ開館（５、10月は毎日曜開館、12～２月は冬期休館）

大阪日本民芸館

1970（昭和45）年、大阪万博に国内展示として日本民藝館が出展。万博閉幕後、そのパビリオンの建物を引き継ぐかたちで開館した。収蔵品は陶磁器や染織品、編組品、木漆工品など約4500点。春と秋には自館の収蔵品を中心に構成する特別展も開催している。

住所　大阪府吹田市千里万博公園10－5
電話　06－6877－1971
開館時間　10時～17時（入館受付～16時30分）
休館日　水曜、年末年始、展示替期間・夏期・冬期休館（随時）あり
www.mingeikan-osaka.or.jp（ブログはURL末尾に「/blog」を追加）

鳥取民藝美術館

柳宗悦に共鳴し山陰の民藝運動を牽引した医師・吉田璋也が開設。隣接する民藝店や割烹とともに町の民藝コーナーとなっている。収蔵品は山陰の古民藝や吉田がプロデュースした新作、国内外の民藝品など約5000点。国内の陶器類や李朝陶磁、高麗茶碗など陶磁器の多さも特徴のひとつ。

住所　鳥取県鳥取市栄町651
電話　0857－26－2367
開館時間　10時～17時
休館日　水曜（祝日は開館、翌日休館）
mingei.exblog.jp

丹波古陶館

丹波焼は中世から続く日本六古窯のひとつ。その拠点・篠山で、1969（昭和44）年に設立。篠山城の城下町として栄えた風情ある町並みの一角で訪問者を迎えるのは、丹波焼創成記から江戸時代末期まで、約700年間の名品たち。蔵品中312点の古丹波コレクションも見どころだ。

住所　兵庫県篠山市河原町185
電話　079－552－2524
開館時間　9時～17時（入館受付～16時45分）
休館日　月曜（祝日は開館、翌日休館）、夏期、年末年始
www.tanbakotoukan.jp

出雲民藝館

出雲の豪農・山本家の米蔵、木材蔵、長屋門を改装し、1974（昭和49）年に開館。収蔵品は約350点。米蔵では出雲、石見を中心とする山陰の陶磁器、出雲の藍染や木綿絣、木工品などの「暮らしの道具」、木材蔵では農具や民具などの「仕事の道具」を展示している。

住所　島根県出雲市知井宮町628
電話　0853－22－6397
開館時間　9時～17時（入館受付～16時30）
休館日　月曜（祝日は開館、翌日休館）、年末年始

倉敷民藝館

1948（昭和23）年、江戸時代末期の米蔵を改装し開館。収蔵品は日本をはじめ世界中の陶磁器、漆器、ガラス器、編組品、染織品、金工品、木工品など約1万5000点。年3回の企画展ごとに収蔵品から約300点を紹介している。陶磁器は倉敷を中心に山陰、四国のものを展示。

住所　岡山県倉敷市中央1-4-11
電話　086-422-1637
開館時間　9時～16時15分（入館受付～16時　※12～2月）、9時～17時（入館受付～16時45分　※3～11月）
休館日　月曜（祝日は会館、翌日休館）、年末年始
iwc.kusa.ac.jp/FOLK/folk_op.html

熊本国際民藝館

倉敷民藝館の初代館長外村吉之介が西日本の民藝運動の拠点として1965（昭和40）年に開館。岡山から移築した江戸時代の酒蔵に、国内外の陶磁器、染織品、玩具、編組品、ガラス器、木工品など約3000点を収める。〝国際〟は蒐集品の諸外国とのつながりを象徴してのものだ。

住所　熊本県熊本市龍田1丁目5-2
電話　096-338-7504
開館時間　10時～16時
休館日　月曜（祝日は開館、翌日休館）、年末年始
www1.ocn.ne.jp/~kumingei

愛媛民藝館

四国の民藝運動の拠点として1967（昭和42）年に開館。江戸から現代までの陶磁器、漆器、木工品、染織品など約2000点の収蔵品をもち、なかでも砥部、丹波、信楽などの古陶磁を含む陶磁器コレクションが半数を占める。伊予絣や鑵子《かんす》釜など地元の民藝品も収蔵している。

住所　愛媛県西条市明屋敷238-8
電話　0897-56-2110
開館時間　9時～17時（入館受付～16時30）
休館日　月曜（祝日は開館、翌日休館）、年末年始

那覇市立壺屋焼物博物館

那覇市の壺屋やちむん（やきもの）通りにある、壺屋焼をはじめとする沖縄のやきものの博物館。歴史に沿った展示・解説や、壺屋焼の技法・製作工程の解説があり、沖縄のやちむんを基礎知識から学べる。敷地内のニシヌメー広場には、沖縄県庁舎建設地から発掘された湧田の平窯もある。

住所　沖縄県那覇市壺屋1-9-32
電話　098-862-3761
開館時間　10時～18時（17時30分）
休館日　月曜（祝日・GW中は開館）、年末年始（12月28日～1月4日）、資料整理期間
www.edu.city.naha.okinawa.jp/tsuboya

全国陶器市カレンダー

ふだんはひっそり静かな産地や窯元が、大勢の来訪者で活気づくのが陶器市の期間。つくり手と話をしたり掘り出し物を探したりと楽しみいろいろ。旅の予定を立てる前にはぜひチェックを。

【2月】

読谷焼・読谷やちむん市
〈開催〉２月最終土曜、日曜
読谷村内に点在する約30の窯元が集う展示販売会。日用食器のほかシーサーや花瓶、ランプなどのインテリア用品も通常の２割～５割引きで販売される。
〈場所〉沖縄県読谷村・残波岬いこいの広場〈問〉０９８-９５８-１０２０（読谷村やちむん市実行委員会）

【3月】

砥部焼・砥部焼窯出し市
〈開催〉３月中旬～下旬
毎年春と秋に開催される窯出し市。二級品が格安で販売されるほか、一級品も割引価格に。毎回争奪戦となる人気の「０円」商品も登場する。
〈場所〉愛媛県砥部町・砥部焼陶芸館〈問〉０８９-９６２-３９００
www.togeikan.com/

【4月】

瀬戸焼・陶祖まつり
〈開催〉４月第３土曜、日曜
中国から瀬戸に陶業を伝えた陶祖・加藤藤四郎をしのぶ陶彦神社の祭礼にあわせて市内各所で陶器廉売市が開催される。
〈場所〉愛知県瀬戸市・陶彦神社ほか〈問〉０５６１-82-３１２３（瀬戸商工会議所）

砥部焼・砥部焼まつり
４月第３土曜、日曜
砥部焼の全窯元が約10万点を感謝価格で販売する「砥部焼大即売会」や、新作展、チャリティーオークションを開催。県内物産の即売や茶席も楽しめる。
〈場所〉愛媛県砥部町・砥部町陶街道ゆとり公園、砥部焼伝統産業会館ほか〈問〉０８９-９６２-７２８８（砥部町役場産業建設課）

小久慈焼・小久慈陶器まつり
〈開催〉４月下旬～５月上旬
小久慈焼が通常の２～５割引で販売される青空市のほか、窯出しされたばかりの陶器による窯出しオークションも実施。
〈場所〉岩手県久慈市・小久慈陶芸苑〈問〉０１９４-52-３８８０（小久慈陶芸苑）

益子焼・益子陶器市
〈開催〉ゴールデンウィーク
毎年春と秋の２回、50の販売店のほかに、窯元や陶芸家による500ものテントが並ぶ町をあげての陶器市。春秋あわせて40万人もの人が訪れる。
〈場所〉栃木県益子町〈問〉０２８５-70-１１２０（益子観光協会）
blog.mashiko-kankou.org/

有田焼・有田陶器市
〈開催〉４月29日～５月５日
大正時代にはじまった蔵ざらえ大売り出しから続く一大イベント。町のメインストリート皿山通りに並ぶ600以上の店をめざして100万人以上が訪れる。
〈場所〉佐賀県有田町〈問〉０９５５-42-４１１１（有田商工会議所）
www.arita-toukiichi.or.jp/

唐津焼・唐津焼テーマ展
〈開催〉ゴールデンウィーク
春と秋に開催される展示即売会。広範囲に点在する窯元が一堂に会し、テーマに応じた製品を展示。展示品や新作が割安で買える均一価格コーナーも。
〈場所〉佐賀県唐津市・ふるさと会館「アルピノ」〈問〉０９５５-73-４８８８（唐津焼協同組合）

【5月】

伊賀焼・新緑伊賀焼陶器市
〈開催〉５月２日～４日
伊賀焼伝統産業会館の周辺で、約30軒の窯元や陶芸家の陶器が展示・即売される。地元特産品などの販売も。
〈場所〉三重県伊賀市丸柱・伊賀焼伝統産業会館周辺
〈問〉０５９５-44-１７０１（伊賀焼伝統産業会館）
www.igayaki.or.jp/

小石原焼・民陶むら祭り
〈開催〉５月３日～５日
毎年春と秋の２回開催される小石原焼と茶陶の高取焼の陶器市。小石原地区の約50の窯元で祭りに合わせて窯出しされた陶器などを２割引程度で販売。
〈場所〉福岡県東峰村・小石原焼伝統産業会館〈問〉０９４６-74-２１２１（民陶むら祭運営委員会）
toho.main.jp/

【7月】

伊賀焼・伊賀焼陶器まつり
〈開催〉７月最終金曜～日曜
地元の青年陶器研究会による「蔵ざらえ大売出し」からスタートした陶器市。伊賀焼の約50軒の窯元や陶芸家による100ほどのブースが並ぶ。
〈場所〉三重県阿山町・あやまふれあい公園内すぱーく阿山〈問〉０５９５-44-１７０１（伊賀焼伝統産業会館）
igayaki.jimdo.com/

【8月】

会津本郷焼・会津本郷せと市
〈開催〉８月の第１日曜日
早朝４時～12時に開催される、地元の夏の風物詩でもあるうつわの朝市。会津本郷焼の窯元をはじめとする約100軒の露店が並ぶ。
〈場所〉福島県会津美里町・瀬戸町通り
〈問〉０２４２-56-３００７（会津本郷せと市実行委員会）／０２４２-56-４８８２（会津美里町観光協会）

【9月】

瀬戸焼・せともの祭
〈開催〉９月第２土曜、日曜
九州から瀬戸に磁器の製法を伝えた磁祖・加藤民吉をたたえる産業祭としてスタート。瀬戸川沿いに多くの店が出店する「せともの大廉売市」が人気。
〈場所〉愛知県瀬戸市・瀬戸市中心市街
〈問〉０５６１-82-３１２３（瀬戸商工会議所内・大せともの祭協賛会）

唐津焼・伝統工芸唐津焼展
〈開催〉９月中旬の５日間
※詳細は４月を参照
〈場所〉佐賀県唐津市・ふるさと会館「アルピノ」〈問〉０９５５-73-４８８８（唐津焼協同組合）

【10月】

小石原焼・民陶むら祭り
〈開催〉10月の体育の日を最終日とする３日間　※詳細は５月を参照
〈場所〉福岡県東峰村・小石原焼伝統産業会館〈問〉０９４６-74-２１２１（民陶むら祭運営委員会）
toho.main.jp/

丹波焼・丹波焼陶器まつり
〈開催〉10月中旬土曜、日曜
約60の窯元をめぐりながら手頃な価格で陶器を購入できるほか、全窯元の製品を集めた陶器市も実施される。粘土の作品をたき火で焼く野焼きの再現も。
〈場所〉兵庫県篠山市・今田支所、陶の郷ほか〈問〉０７９-５９７-２０３４（立杭「陶の郷」）
www.tanbayaki.com/

小鹿田焼・小鹿田焼民陶祭
〈開催〉10月第２土曜、日曜
皿山地区の10軒の窯元が軒先に製品を並べ、市価の２割引程度で販売。唐臼の音が響く静かな焼き物の里が、この日ばかりは多くの人でにぎわう。
〈場所〉大分県日田市・皿山地区

砥部焼・砥部焼窯出し市
〈開催〉10～11月初旬
※詳細は３月を参照
〈場所〉愛媛県砥部町・砥部焼陶芸〈問〉０８９-９６２-３９００
www.togeikan.com/

【11月】

益子焼・益子陶器市
〈開催〉11月３日前後
※詳細は４月を参照

〈場所〉栃木県益子町〈問〉0285-70-1120（益子観光協会）
blog.mashiko-kankou.org/

薩摩焼・美山窯元祭り
〈開催〉11月初旬
薩摩焼発祥の地で開催される陶器市。お祭り価格で陶器が販売されるほか、窯元当てコンテストやチャリティオークションなどのイベントも実施される。
〈場所〉鹿児島県日置市・美山地区〈問〉099-274-2111（日置市役所東市来支所地域振興課）

壺屋焼・壺屋陶器まつり
〈開催〉11月中旬（23日の勤労感謝の日を含む4日間）
会場となる小学校で壺屋焼が市価の2割引以上の価格で販売されるほか、オークション、福引き、シーサー太鼓演舞など、さまざまなイベントも実施。
〈場所〉沖縄県那覇市・壺屋小学校
〈問〉098-866-3284（壺屋陶器事業共同組合）

【12月】

龍門司焼・龍門司焼陶器祭
〈開催〉12月の第2土曜、日曜
期間中は約1万点の龍門司焼が地域内の各窯元で割引販売される。花瓶の重さ当てコンテストなどのイベントや地元特産品の販売もある。
〈場所〉鹿児島県加治木町〈問〉0995-62-2549（龍門司焼企業組合）
ryumonjiyaki.jp

民藝のうつわが買える店

いまや民藝のうつわはネットでも買えるけれど、できればたしかな製品をあつかう店で実物を手をとり、じっくり眺めて選びたい。
そんなときにおすすめのお店をご紹介。

光原社（盛岡本店）
〈住所〉岩手県盛岡市材木町2-18
〈電話〉019-622-2894
〈営業時間〉10時～18時（1～3月上旬は～17時30分）〈定休日〉毎月15日（土日祝日の場合は営業）
www15.ocn.ne.jp/~kogensya/

Les VACANCES（レ ヴァコンス）
〈住所〉宮城県仙台市青葉区立町9-14 正栄ビル西公園1F
〈電話〉022-399-8573
〈営業時間〉12時～19時（日曜祝日は12時～18時）〈定休日〉不定休
www.les-vacances.jp/

銀座たくみ
〈住所〉東京都中央区銀座8-4-2
〈電話〉03-3571-2017
〈営業時間〉11時～19時〈定休日〉日曜祝日（12月は営業）
www.ginza-takumi.co.jp/

べにや民芸店
〈住所〉東京都港区南青山2-7-1 ホームズ飛騨1F
〈電話〉03-5875-3261
〈営業時間〉10時～19時〈定休日〉水曜
beniya.m78.com/

備後屋
〈住所〉東京都新宿区若松町10-6
〈電話〉03-3202-8778
〈営業時間〉10時～19時〈定休日〉月曜、第3土曜と翌日曜
www.quasar.nu/bingoya/

International Gallery BEAMS（fennica）
〈住所〉東京都新宿区神宮前3-25-15 2F
〈電話〉03-3470-3948
〈営業時間〉11時～20時〈定休日〉不定休
www.beams.co.jp

Bradbury
〈住所〉埼玉県桶川市寿1-14-11
〈電話〉048-773-9903
〈営業時間〉11時～20時〈定休日〉月・火曜（企画展開催時は火曜のみ）
www1.linkclub.or.jp/~bradmogu/

ちきりや工芸店
〈住所〉長野県松本市中央3-4-18
〈電話〉0263-33-2522
〈営業時間〉10時～18時〈定休日〉水曜

UROCO.
〈住所〉富山県黒部市飯沢688
〈電話〉0765-56-7003
〈営業時間〉11時～18時（1～3月は11時～17時）〈定休日〉不定休
uroco.sub.jp/

くらしのギャラリー本店
〈住所〉岡山県岡山市北区問屋町11-104
〈電話〉086-250-0947
〈営業時間〉2012年4月19日オープンのため未定〈定休日〉不定休
ameblo.jp/okayama-mingei/（ブログ「くらしの友 いろいろ」）

objects
〈住所〉島根県松江市東本町2-8
〈電話〉0852-67-2547
〈営業時間〉11時～19時30分〈定休日〉不定休
objects.jp/

鳥取たくみ工芸店
〈住所〉鳥取県鳥取市栄町651
〈電話〉0857-26-2367
〈営業時間〉10時～18時〈定休日〉水曜

ROSA（ロサ）
〈住所〉愛媛県松山市三番町6丁目5-19 扶桑ビル1F
〈電話〉089-993-5608
〈営業時間〉12時～19時〈定休日〉火曜
www.rosa - craft.com/

秋月
〈住所〉福岡県朝倉市秋月野鳥704-3
〈電話〉0946-25-1270
〈営業時間〉10時～17時〈定休日〉火曜、年末年始

魚座民芸店
〈住所〉熊本県人吉市九日町41
〈電話〉0966-22-3562
〈営業時間〉9時～18時〈定休日〉不定休

久髙民藝店
〈住所〉沖縄県那覇市牧志2-3-1 K2ビル1F
〈電話〉098-861-6690
〈営業時間〉10時～22時〈定休日〉無休

巻末付録

うつわの用語集

装飾や技法にまつわる言葉、うつわの製造プロセスにまつわる言葉など、知っているとうつわがさらに楽しめる専門用語はたくさんある。わからない言葉、気になる言葉に出くわしたら、用語集でチェックしよう。

【あ】

赤絵（あかえ）
→色絵（いろえ）

赤楽（あからく）
楽焼の一種で素地に酸化鉄の粘土を塗り、透明釉をかけて低温で焼いた陶器、または絵付けに使用する酸化鉄の粘土。

穴窯（あながま）
古代、中世の代表的な窯の形態。山の斜面に沿って穴を掘り、天井をつけただけのものとトンネル状に掘り抜いて上部に排気口をつくったものがある。火のまわりが一定ではないので、うつわの表面に複雑な変化が生まれる。

油皿（あぶらざら）
行灯などのあかりにするための油を入れた皿。江戸時代に瀬戸周辺で大量につくられ、使われていた呉須絵や鉄絵の素朴な絵付けが施された絵皿で、その美しさが民藝運動の中で評価された。

石皿（いしざら）
江戸時代後期、瀬戸周辺の宿屋などで日常的に煮物を供する際などに使われた大皿。油皿とともに民藝運動の中で評価された瀬戸絵皿のひとつ。

飴釉（あめゆう）→29ページ

石はぜ（いしはぜ）
素地に入っていた小石が焼成時にはじけ出して、うつわの表面に割れ目をつくって飛び出したり、水ぶくれのようにふくれ上がったりした状態。うつわの味わいとして鑑賞の対象になる。

イッチン→30頁

一本挽き（いっぽんびき）
うつわを底から口までひと息にろくろで成形すること。

糸切り（いときり）
陶磁器をろくろで成形した後、糸状のものをあてて底をろくろから切り離すこと。うつわの底に残った渦巻き状の跡をいうこともある。

糸底（いとぞこ）
陶磁器の底のこと。→30頁

井戸茶碗（いどちゃわん）
高麗茶碗の最高峰として、室町時代以降茶人に最も珍重されてきた。高い高台とやや丸みのある腰、口縁に向かって末広がりのかたちが特徴。

色絵（いろえ）
陶磁器を本焼きした後で色釉の上絵具で模様を付けたもの。絵付けをした後、低温で模様を焼き付ける。赤を主体に絵付けしたものをとくに赤絵とも呼ぶ。

印判手（いんばんで）
染付の陶磁器で、絵付けを手描きではなく判や型紙、印刷を用いて施したもの。大量生産のうつわに用いられる技法。

うのふ釉（うのふゆう）
藁灰を原料とする白色不透明な釉薬。「兎の斑」「鵜の糞」とも書き、瀬戸の民窯で伝統的に多用されている。

馬の目皿（うまのめざら）
江戸時代後期に瀬戸で焼かれた、馬の目のような渦巻紋様が描かれた皿。日用雑器として量産され、民藝運動の中で熟練した職人によるのびやかな装飾が評価された。

上絵付け（うわえつけ）
釉薬を掛けて本焼きした陶磁器に紋様を描くこと。上絵具を使って繊細な紋様などを描き、低温で焼き付ける。

釉薬（うわぐすり）
陶磁器の素地に掛けて焼成することで、ガラス質に変化する被膜。成分の違いにより色の変化が生じるため装飾になるとともに、素地をおおって吸水性をなくし、うつわに耐水性を与える役割も果たす。「ゆうやく」とも呼ぶ。

大窯（おおがま）
室町時代後期に登場し、穴窯に代わって普及した半地下式の窯。この窯の登場により、生産効率が格段にアップした。

鬼板（おにいた）
瀬戸地方で大量にとれる板状の赤い鉄鉱石。形が鬼瓦に似ているためこう呼ばれ、釉薬や鉄絵の顔料として使われる。

御庭焼（おにわやき）
江戸時代に大名や重臣が自分好みのうつわをつくらせようと、城内や邸内に窯を築いて焼かせたやきもの。

御深井釉（おふけゆう）
灰釉をベースにした、透明な淡青色になる釉薬。名古屋城内の御深井丸で焼かれたやきものに使われていたことに由来する釉薬で、この釉薬がかかったうつわ自体が「御深井」とも呼ばれる。

織部（おりべ）
桃山時代、美濃で茶人・武将の古田織部の指導で焼かれたうつわ。色釉や斬新な紋様、ゆがんだかたちに特色があり、とくに特徴的に用いられた緑釉が織部と呼ばれる場合も。

【か】

灰釉（かいゆう）↓29頁

鏡（かがみ）
茶碗の見込みの中央にある円形にくぼんだ部分。

掻き落とし（かきおとし）
生乾きの素地全体に釉薬や化粧土を塗った後、それを削り落として絵柄を残し、紋様を描く技法。

柿釉（かきゆう）↓29頁

掛け分け
2色以上の釉薬を色分けしてうつわに掛ける釉薬の掛け方。

型押し文（かたおしもん）
乾燥前の素地に紋様を彫った木や石膏の型を押して付けた紋様。三島手などが代表的。印花、押印文とも呼ぶ。

型づくり（かたづくり）
ろくろを使わず、土を型に押し付けて成形する、量産向きの技法。型抜き、型打ちとも。

窯焚き（かまたき）
窯に火を入れ、うつわを焼成すること。

窯詰め（かまづめ）
窯焚き前にうつわを焼成室に詰めること。「窯積み」とも。

窯場（かまば）
窯元が多く集まる地域。窯業地のこと。

窯元（かまもと）
陶磁器を焼く窯を持つ人または組織。あるいは陶磁器を生産する人または組織。

還元焔焼成
（かんげんえんしょうせい）
焼成の際、酸素の供給を少なくして不完全燃焼の状態をつくり、発生した一酸化炭素が釉薬や土から酸素を奪う作用（還元）により目的の色や味わいに焼き上げる焼成方法。

貫入（かんにゅう）
焼成の際、素地と釉薬の収縮率の違いによりうつわの表面に生じる細かなひび割れ。

黄釉（きぐすり）↓29頁

素地（きじ）
成形したやきものの地肌。

黄瀬戸（きぜと）↓29頁

切高台（きりこうだい）
一カ所をへらなどで削り、切り込みを入れた高台のかたち。

櫛描き（くしがき）↓30頁

景色（けしき）
うつわの表面に現れた釉薬の色や流れ具合、溶け具合の変化。想定外の変化がうつわの見どころとして楽しまれる。

化粧掛け（けしょうがけ）
素地とは異なる色に仕上げるため、別の色の化粧土を表面に薄く掛けること。

化粧土（けしょうつち）
化粧掛けに使用する色のついた土。水で溶いて使用する。

蹴ろくろ（けろくろ）
回転台とつながった足元の円盤を蹴って回転させるろくろ。

古伊万里（こいまり）
明治以前に有田地方で焼かれた有田焼の磁器。伊万里の名は、近くの伊万里港から輸出されたことに由来する。

口縁（こうえん）
うつわの最上部の縁まわりのこと。↓29頁

高台（こうだい）
うつわの底部分につけられた台。↓29頁

高麗茶碗（こうらいちゃわん）
朝鮮で李朝時代に焼かれた茶碗。もとは日用雑器としてつくられたものが日本にもたらされ、千利休が茶の湯に用いるようになったことから茶人に珍重される存在になった。

黒釉（こくゆう）↓29頁

呉須（ごす）↓29頁

呉須手（ごすで）
中国の福建省周辺の民窯で明代後期から末期に焼かれた粗製の磁器。赤や緑を主体に鮮やかな紋様を描いた「呉須赤絵」、青を主体とする「呉須青絵」、染付のみの「呉須染付」などがある。

粉引（こひき）↓29頁

御用窯（ごようがま）
江戸時代に藩の保護を受けて藩主の日用品や贈答品を焼いた窯。藩窯とも。

【さ】

酸化焔焼成（さんかえんしょうせい）
焼成の際、十分に酸素を供給することで、釉薬や土を酸化させて目的の色や味わいを出す焼成方法。

皿山（さらやま）
九州地方の陶磁器生産地のこと。皿屋、また南九州では壺屋とも呼ぶ。

三彩（さんさい）→30頁

自然釉（しぜんゆう）
焼成中に窯の中で薪の灰がうつわに掛かって自然に釉薬を施したような焼き上がりになること。灰が土の成分と反応し、溶けてガラス質に変わることで起こる。

下絵付け（したえつけ）
釉薬を掛ける前の素地に絵付けをすること。

志野（しの）
桃山時代に美濃で焼かれた陶器。素地に百草土という白土を使い、長石を砕いて精製した白釉（志野釉）を厚くかけて焼いたもの。

辰砂（しんしゃ）
下絵付けに使われる色釉の一種。還元焔焼成により銅が朱色になる。辰砂の名は、古来朱色の顔料として使われてきた鉱物から。

水簸（すいひ）
土づくりの一工程。砕いた粘土を水に入れて攪拌し、沈殿した粗い粒やゴミを取り除く作業のこと。灰も同様にしてアクを取り除く。

須恵器（すえき）
古墳時代から平安時代にかけて、日本各地でつくられていた陶質土器（炻器）。釉薬はかけず、1000℃以上の高温で還元焔焼成されるため硬質で吸水性がない。

素焼き（すやき）
成形したうつわを低温で焼成して水分を除き、かためること。絵付けや釉薬を施す前の準備の焼成。

青磁（せいじ）→29頁

炻器（せっき）→28頁

施釉（せゆう）
うつわに釉薬を掛けること。流し掛け、浸し掛け、刷毛塗りなどの方法が基本。

象嵌（ぞうがん）
素地が生乾きの段階で表面に紋様を刻み、できたくぼみに違う色の土を埋め込む装飾法。

染付（そめつけ）→30頁

【た】

胎土（たいど）
陶磁器の原材料になる土のこと。元々は多くの窯が地元の土を胎土としていたが、現在では環境への配慮などもあり、別の地域の土を配合して使用する窯も増えている。素地土、杯土とも呼ぶ。

たたらづくり
うつわの成形方法のひとつ。同じ厚さの板状にスライスした陶土（これが「たたら」）を組み合わせ、縁を貼り合わせて目的のかたちをつくる。

茶陶（ちゃとう）
茶の湯に使われる陶器のこと。茶碗、茶入、水指し、香合、茶壺など茶道具全般、懐石のうつわなど。とくに京都の楽焼、山口の萩焼、佐賀の唐津焼はすぐれた茶陶として「一楽二萩三唐津」などと表現され、茶人に好まれてきた。

彫花（ちょうか）
うつわの素地に紋様を彫る装飾法。

長石釉（ちょうせきゆう）
長石という鉱物を砕いて主原料とした釉薬。志野釉とも呼ばれ、色は乳白色になる。

土見せ（つちみせ）
高台のまわりなどにある、釉薬が掛かっておらず、素地が見える部分。

筒描き（つつがき）→30頁

鉄絵（てつえ）
鉄を含む顔料で絵付けする装飾法、またはそのうつわ。絵付けは釉薬の下に描く下絵付けと上に描く上絵付けがある。

手捏ね（てづくね）
うつわの成形法のひとつ。ろくろを使わず素手で成形すること。手びねりともいう。

鉄釉（てつゆう）
鉄分を含む釉薬のこと。天目釉、柿釉、飴釉、黒釉などが含まれ、鉄分が多いほど黒に近い色になる。

天目釉（てんもくゆう）
黒褐色になる鉄釉の一種。元は天目茶碗に使われる釉薬をさしていたが、後に同種の鉄釉全般をさすようになった。

天目茶碗（てんもくちゃわん）
お茶用の碗として中国から輸入され、日本でも瀬戸や美濃でつくられて茶陶として珍重された茶碗。高台が低く口縁に少しくびれのあるかたちのものが多く、それが「天目形」という形式にもなった。

唐三彩（とうさんさい）
中国で唐代に焼かれた三彩（鉛釉を使い、低温で焼かれた陶器）。白地に緑、褐色で染め分けた装飾が一般的。

土器（どき）→28頁

飛び鉋（とびかんな）→30頁

【な】

流し掛け（ながしかけ）
施釉の方法のひとつ。ひしゃくなどに釉薬をすくい、うつわに流し掛ける方法。

海鼠釉（なまこゆう）→29頁

練り上げ（ねりあげ）
2種類以上の色の違う陶土を練り合わせ紋様を表す装飾法。

登り窯（のぼりがま）
穴窯の次に普及した窯の形式。斜面に沿っていくつもの焼成室をつくり、一番下の焚き口で火を焚く。下から順に、部屋ごとに熱がまわっていき、大量の製品を均質に焼き上げることができる。

【は】

白磁（はくじ）→29頁

土師器（はじき）
古墳時代から奈良・平安時代に焼かれた土器の総称。釉薬も紋様もない素地土器で、弥生式土器の流れをくんでいた。

貼り付け文（はりつけもん）
素地と同じ土でつくった紋様を表面に貼り付けレリーフ状に装飾する技法。その後釉薬をかけて焼成する。貼花とも。

火襷（ひだすき）
焼き締めのうつわを焼成する際、藁を巻いて藁のアルカリ成分と土の鉄分の反応を引き起こすことでできる褐色の筋。

浸し掛け（ひたしがけ）
施釉方法のひとつ。釉薬の入った大きな容器にうつわ全体を浸して施釉する。

ひもづくり
ろくろを使わない成形方法のひとつ。土をひも状に伸ばして底部の周囲にのせ、そのひもをつぶす作業をくり返してうつわを成形していく。

吹き掛け（ふきかけ）
施釉方法のひとつ。霧吹きやエアスプレーでうつわに釉薬を吹き付ける。全面に薄く施釉できるほか、霧状の紋様もつくれる。

本焼き（ほんやき）
施釉後に高温で焼成すること。

【ま】

見込み（みこみ）
うつわの内側全体、もしくは内側の中央底部分。→30頁

三島手（みしまで）
グレーの素地に花などの細かな紋様を型押しし、そこに白化粧土を象嵌する装飾法。朝鮮の李朝陶器に由来する技法。

民窯（みんよう）
元々は中国の宮廷用陶磁器を生産した官窯、日本の御用窯、藩窯に対して、庶民の日用品を生産した民間の窯。昭和以降は民藝運動の中で見直され、伝統的な手仕事を守りながら実用的な堅牢さ、美しさを備えた陶磁器を生産する窯として語られるようになった。

麦藁手（むぎわらで）
表面に麦藁に見立てた縦線を何本も描いた紋様のうつわ。

面取り（めんとり）→30頁

【や】

釉薬（ゆうやく）
→うわぐすり

窯変（ようへん）
焼成の際、窯の中で釉薬や素地の成分が思わぬ変化を起こしたり、うつわ自体のかたちが変化したりすること。うつわの見どころとなる。

【ら】

楽焼（らくやき）
ろくろを使わず手捏ねで成形し、鉛釉で絵付けをして低温で焼いたうつわ。桃山時代に京都の楽家があみ出した茶陶の製法に由来する。

李朝（りちょう）
朝鮮半島の最後の王朝、李氏朝鮮（1392～1910年）のこと。やきものとしては、李朝時代につくられた陶磁器をさす。

緑釉（りょくゆう）→29頁

輪花（りんか）
口縁を花弁のようなかたちに成形する装飾法、またはその装飾を施された陶磁器。花のかたちは口縁に切り込みを入れたりくぼみを付けたりしてつくる。

瑠璃釉（るりゆう）→29頁

六古窯（ろくこよう）
平安～鎌倉時代に興って日本の中世を代表する窯として発展し、現在も生産が続く6つの窯場のこと。瀬戸（愛知県）、常滑（愛知県）、信楽（滋賀県）、丹波（兵庫県）、備前（岡山県）、越前（福井県）をさす。

ろくろづくり
成形方法のひとつ。粘土をのせた円盤を回転させながら成形させていく。円盤を手動で回転させる「手ろくろ」、足で蹴って回転させる「蹴ろくろ」、電動の「機械ろくろ」などがある。

【わ】

藁灰釉（わらばいゆう）
稲藁の灰を原料とする釉薬。焼成すると白濁した焼き上がりになる。海鼠釉（→29ページ）も藁灰釉の一種。

割高台（わりこうだい）
内側を彫らず平らにした状態のまま、十字に削った高台のかたち。

監修者紹介

久野恵一（くの・けいいち）

手仕事フォーラム代表。地域手仕事文化研究所主宰。もやい工藝店主。1947年生まれ。武蔵野美術大学在学中に民俗学者・宮本常一に師事。松本民藝家具の創始者・池田三四郎との出会いをきっかけに民藝の世界へ。大学卒業後、仲間5人と「もやい工藝」をはじめ、その後独立。北鎌倉を経て現在の鎌倉市佐助に店舗を構える。40年にわたり1年の3分の2は手仕事の産地をめぐり、買いつけや調査、職人をプロデュースする活動を続けてきた。2011年まで日本民藝協会の常任理事を務め、現代の民藝運動と積極的に関わる。2002年には手仕事のある暮らしのすばらしさをより多くの人に伝えるべく「手仕事フォーラム」の発起人となる。手仕事フォーラムでは展示活動や勉強会、毎日更新されるブログなどを通じて民藝の魅力を発信し続けている。現在の民藝の産地やつくり手の状況をもっともよく知る〝民藝の先生〟。

著者紹介

萩原健太郎（はぎはら・けんたろう）

ライター・フォトグラファー。1972年生まれ。大阪府出身。関西学院大学卒業。株式会社アクタス勤務、デンマーク留学などを経て2007年独立。デザイン、インテリア、北欧、建築、手仕事などのジャンルの執筆を中心に活動中。久野さんとは雑誌の取材がきっかけで出会い、手仕事、民藝に関心を抱く。著書に「北欧デザインの巨人たち　あしあとをたどって。」（ビー・エヌ・エヌ新社）、「生活に溶けこむ北欧デザイン」（誠文堂新光社）、「北欧デザインをめぐる旅— Copenhagen Stockholm Helsinki」（キャップ・ジャパン）などがある。

http://www.flighttodenmark.com

もやい工藝

住所　鎌倉市佐助2-1-10
電話　0467-22-1822
営業時間　10時〜17時
定休日　火曜日（祝日を除く）
http://moyaikogei.jp

手仕事フォーラム
http://teshigoto.jp/

型染　小田中耕一
撮影　萩原健太郎・松本のりこ
イラスト　溝川なつ美
アートディレクション　関宙明（ミスター・ユニバース）
編集　笠井良子（グラフィック社）
しおり活版印刷　有限会社伸榮

民藝の教科書①
うつわ

2012年4月25日　初版第1刷発行
2023年7月25日　初版第9刷発行

監修　久野恵一
著者　萩原健太郎
発行者　西川正伸
発行所　株式会社グラフィック社
〒102-0073
東京都千代田区九段北1-14-17
TEL 03-3263-4318
FAX 03-3263-5297
http://www.graphicsha.co.jp
振替 00130-6-114345

印刷・製本　図書印刷株式会社

落丁・乱丁の場合はお取り替え致します。

ISBN 978-4-7661-2344-9 C0072

シリーズ化記念
特製活版しおりの使い方

「民藝の教科書」のシリーズ化を記念して、このシリーズらしく、読者のみなさまに手仕事のぬくもりが感じられるスペシャリティを……と考えて、オリジナル活版しおりをはさみこみました。キリトリ線からチョキチョキと切りはなしてお使いください。

←